Frank Roost

Die Disneyfizierung der Städte

Stadt, Raum, Gesellschaft

Herausgegeben von

Hartmut Häußermann
Detlev Ipsen
Thomas Krämer-Badoni
Dieter Läpple
Marianne Rodenstein
Walter Siebel

Band 13

Frank Roost

Die Disneyfizierung der Städte

Großprojekte der Entertainmentindustrie
am Beispiel des New Yorker Times Square
und der Siedlung Celebration in Florida

Leske + Budrich, Opladen 2000

Gedruckt auf säurefreiem und alterungsbeständigem Papier.

Die Deutsche Bibliothek – CIP-Einheitsaufnahme
Ein Titeldatensatz für diese Publikation ist bei Der Deutschen Bibliothek erhältlich

ISBN 3-8100-2956-4

© 2000 Leske + Budrich, Opladen

Druck: Druck Partner Rübelmann, Hemsbach
Printed in Germany

Inhalt

Einleitung

Micky Maus macht's möglich: Selten hat sich der zentrale Platz einer Metropole so schnell und so gründlich verändert, wie dies derzeit am Times Square in New York geschieht. Mit dem Disney-Konzern als treibender Kraft und wichtigstem Investor wird das bisherige Rotlichtquartier zu einem familienfreundlichen innerstädtischen Unterhaltungsbereich umgebaut. Da der Times Square lange Zeit als Symbol für die Krise der amerikanischen Kernstädte galt, hat der Unterhaltungskonzern schon mit diesem Projekt neue Maßstäbe für die Entwicklung von Stadtzentren gesetzt.

Doch Disneys Vorstoß in den Stadtplanungssektor ist nicht nur auf Vergnügungsviertel beschränkt. Denn gleichzeitig baut die Walt Disney Company in Florida eine komplette Stadt mit dem Namen Celebration. Die Siedlung, die auf den ersten Blick wie eine Kleinstadt des 19. Jahrhunderts aussieht, und in der sich schon die ersten 2.500 von zukünftig 20.000 Einwohnern ihr Alltagsleben vom Unterhaltungskonzern organisieren lassen, wird von Disney-Chef Michael Eisner als der Prototyp der amerikanischen Stadt des 21. Jahrhunderts gepriesen.

Aber auch andere Länder bleiben vom Expansionsdrang des zweitgrößten Medienunternehmens der Welt nicht verschont. So hat, wie in vielen anderen Städten, auch das derzeit bedeutendste innerstädtische Großprojekt in Europa, der Potsdamer Platz in Berlin, als wichtigsten touristischen Anziehungspunkt ein Musicaltheater, in dem der Disney-Konzern eine Bühnenversion seines Erfolgsfilms „Der Glöckner von Notre Dame" präsentiert.

Doch was bedeutet dieses Engagement des Konzerns, der bisher vor allem für seine Comicfiguren und Vergnügungsparks bekannt war? Werden die Plastik-Fassaden von Disneyland, die schon seit langem als Inbegriff für architektonischen Kitsch gelten, nun zum gestalterischen Vorbild wirklicher Städte? Und wie werden die Menschen in solchen Städten leben, in denen jeden Tag die aufgesetzte Freude eines Vergnügungsparks herrschen soll?

Die große Symbolwirkung des Times Square-Projektes und der erklärte Vorbildcharakter der Siedlung Celebration zeigen, wie bitter ernst es der Vergnügungskonzern diesmal meint. Bei einer genaueren Betrachtung von Disneys Strategie wird nämlich deutlich, daß es sich keineswegs um eine Eskapade handelt, die man einfach als „amerikanische Verrücktheit" abtun könnte. Vielmehr markieren diese Projekte den vorläufigen Höhepunkt eines neuen Trends in der Stadtplanung. Aufgrund der wachsenden Bedeutung von Freizeit- und Konsumdiensten haben sich die Zentren vieler Städte langsam in inszenierte Einkaufs- und Unterhaltungsbereiche mit Disneyland-artigen Qualitäten verwandelt. Angesichts dieser Entwicklung und der beständig steigenden Nachfrage nach Entertainmenteinrichtungen ist es nur konsequent, wenn der Disney-Konzern sein jahrzehntelang in den Vergnügungsparks erprobtes Know-how nun auch in den Zentren wirklicher Städte anwendet.

Dasselbe gilt für neue Vorortsiedlungen in den USA. Die Bewohner der endlosen *suburbs* in den zersiedelten Agglomerationen sehnen sich zwar nach urbanem Flair, trauen sich aber nicht mehr in die von den Ghettos der ethnischen Minderheiten geprägten Städte. Einen Ausweg aus diesem Dilemma sollen die sogenannten neotraditionellen Siedlungen bieten, die es mittlerweile in vielen amerikanischen Großstadtregionen gibt. Diese neuen Vororte, die aussehen wie historische Kleinstädte, werden so mühsam auf niedlich getrimmt, daß sie verblüffende Ähnlichkeit mit Disneys Main Street U.S.A. haben - der „Hauptstraße" von Disneys Themenparks in Kalifornien und Florida. Der Unterhaltungskonzern, der ganze Stäbe von Architekten und Vergnügungsparkgestaltern beschäftigt, hat diese Chance erkannt und wird mit dem Bau der Siedlung Celebration nun selbst zu einem führenden Anbieter neotraditioneller Siedlungen.

Um diese grotesk anmutende Entwicklung nachzuvollziehen, muß man sich zunächst mit der sozialen und räumlichen Fragmentierung der amerikanischen Metropolen beschäftigen, die zu der großen Bedeutung künstlicher Erlebniswelten und inszenierter Vorstadtidyllen geführt hat. Im ersten Teil des vorliegenden Buchs beschreibe ich deshalb den Wandlungsprozeß der Großstadtregionen, der die Basis für die Profilierung des Unterhaltungskonzerns Disney im Stadtplanungssektor bildet. Auf dieser Grundlage können dann die beiden großen Projekte der Walt Disney Company eingehender betrachtet werden.

Im zweiten Teil untersuche ich Disneys entscheidende Rolle beim Umbau des New Yorker Times Square, wo es dem Konzern gelang, mit Unterstützung durch *hardliner* in Politik und Polizeiführung aus einem verrufenen Sex-Quartier in kürzester Zeit ein Familienausflugsziel zu machen. Im dritten Teil schildere ich anhand der Siedlung Celebration den Perfektionswahn der Disney-Planer, der die ausgeklügelte Gestaltung ebenso wie eine weitreichende Kontrolle der Bewohner umfaßt. Weitere wichtige Grundlagen für den Erfolg der Stadtplanungsprojekte des Disney-Konzerns sind sein familienfreundliches Image und seine seit Jahrzehnten erfolgreich angewendete Vermarktungsstrategie. Deshalb wird im vierten Teil untersucht, welche Machtfülle das Unternehmen heute hat und wie diese bei den Projekten Times Square und Celebration eingesetzt wird.

10

Die wachsende Bedeutung urbaner Erlebniswelten und historisierender Stadtsurrogate ist jedoch keinesfalls ein Phänomen, das auf Nordamerika beschränkt ist. Wie ich im fünften und letzten Teil zeige, floriert der Bau neotraditioneller Stadtrandsiedlungen und innerstädtischer Unterhaltungszentren auch in der Bundesrepublik. Am Beispiel ausgewählter deutscher Städte läßt sich erkennen, daß hier, ebenso wie in den USA, diese Projekte mit Rückgriffen auf das 19. Jahrhundert verbunden werden und eine neuartige Form der Inszenierung von Urbanität mit sich bringen.

Egal auf welcher Seite des Atlantiks - der Trend zum Bau multimedial vermarkteter innerstädtischer Vergnügungszentren und romantisch inszenierter Wohnidyllen, den ich als Disneyfizierung der Städte bezeichne, wird immer stärker. In vielen Großstadtregionen finden sich Koalitionen aus Wirtschaftsförderern, Developern, Planern und Architekten, die mit solchen Vorhaben die Konsum- und Erlebniswünsche kaufkräftiger Schichten befriedigen wollen. Dabei versprechen sie, daß auf diese Weise schnelle wirtschaftliche Erfolge erreicht werden könnten, und daß deshalb allen, sogar den ärmeren, Bürgern der Stadt gedient sei. Bei einer genauen Betrachtung zeigt sich jedoch, daß solche Projekte kaum geeignet sind, die Probleme der Großstädte zu lösen. Statt dessen verstärken sie die soziale und räumliche Fragmentierung der Agglomerationen, weil die Ausgrenzung bestimmter Bevölkerungsgruppen ein elementarer Bestandteil ihres Vermarktungserfolges sind. Deshalb umfaßt die Auseinandersetzung mit der Disneyfizierung mehr als nur die Kritik an historisierender Architektur und kitschigen Gestaltungskonzepten. Vielmehr handelt es sich um einen zentralen Aspekt der Diskussion über die Entwicklung der Städte auf dem Weg in die Freizeit- und Dienstleistungsgesellschaft. In diesem Sinne soll das vorliegende Buch einen Beitrag dazu leisten, die Strategien der Planer und Developer aufzuzeigen, die uns mit einfachen Erklärungen eine heile urbane Welt versprechen, dabei aber manchen Bewohnern der Städte mehr schaden als nützen.

Für vielfältige Anregungen und tatkräftige Unterstützung danke ich Harald Bodenschatz, Peter Cook, Hartmut Häußermann, Birgit Glock, Marion Liebhold, Boris Milkov, Saskia Sassen, Werner Sewing, Walter Siebel, Max Welch Guerra und Sharon Zukin.

Berlin, im September 2000   Frank Roost

Teil I: Landschaften der Simulation

Der größte Teil der amerikanischen Bevölkerung lebt heute nicht mehr in den Städten, sondern in den seit der Nachkriegszeit entstandenen automobilorientierten Vororten. Vor allem die Angehörigen der überwiegend weißen Mittel- und Oberschicht wohnen in den *suburbs*, wo sich ihr Alltag in einer Landschaft aus gleichförmigen Einfamilienhausgebieten, *highways*, Büroparks und Einkaufszentren abspielt. Aufenthalte in herkömmlichen urbanen Bereichen sind dagegen für viele Vorortbewohner zu einer seltenen Ausnahme geworden. Straßenzüge mit dichter Bebauung, kleinteilig gemischten Nutzungen und zahlreichen Fußgängern kennen viele von Ihnen nur noch von Urlaubsreisen oder aus dem Fernsehen.

Dieser Mangel an urbaner Atmosphäre wird heute auch von nicht wenigen Bewohnern der *suburbs* als unangenehm empfunden. Ein Leben in der Stadt ziehen aber die meisten von ihnen dennoch nicht in Betracht, denn die Unterschiede zwischen Kernstädten und Vororten sind alles andere als ein rein städtebauliches Problem. Während sich die *suburbs* vor allem durch ihre soziale und ethnische Homogenität auszeichnen und in den meisten Umlandgemeinden jeweils eine Einkommensgruppe aus Mittel- bzw. Oberschicht dominiert, liegen in den Kernstädten vor allem die Quartiere der benachteiligten ethnischen Minderheiten. Die Abgrenzung von diesen Stadtvierteln und ihren Bewohnern war aber einer der Gründe für die Abwanderung der Mittelschicht, und ist bis heute eines der wichtigsten Kriterien bei deren Wohnortwahl. Deshalb bleiben die älteren, dichter bebauten Bereiche der Städte weiterhin die ärmsten Teile der Region, während die wohlhabenderen Bevölkerungsgruppen in immer neue, noch weiter vom Zentrum entfernte Vororte ziehen.

Eine Ausnahme bilden die gentrifizierten Kernstadt-Quartiere, die in den letzten zwanzig Jahren zunächst von alternativen Gruppen wie Künstlern oder Studenten, später dann vor allem von einkommensstarken Beschäftigten der Dienstleistungsbranchen in Beschlag genommen worden sind. Im Zuge dieser Entwicklung werden ausgewählte Teile der Innenstädte unter Beteiligung von Developern, Politikern, Planern und Architekten nach und nach ökonomisch aufgewertet und dabei die vorherigen Bewohner verdrängt. Ein kleiner Teil der Mittelschicht hat sich damit auf Kosten ökonomisch Benachteiligter bereits sein urbanes Terrain gesichert.

Nachdem diese „Pionierarbeit" durchgeführt worden ist, werden neuerdings in einem grundsätzlich ähnlichen, aber vielfach schnelleren Prozeß weitere Teile der Innenstädte umstrukturiert. Eine vergleichbare Interessenkoalition, die noch um Wirtschaftsförderer und Unterhaltungskonzerne ergänzt ist, erschließt nun systematisch bestimmte Quartiere als Ausflugsziele für den weitaus größten Teil der Mittelschicht, der nach wie vor in den *suburbs* lebt und sich nur besuchsweise in den Städten aufhalten will. Diese seit Mitte der neunziger Jahre rasant zunehmende unterhaltungs- und tourismusorientierte Stadterneuerung zielt darauf ab, ein Stück Stadt so zu gestalten, daß sich dort eine urbane Erlebnisatmosphäre mit der Beschaulichkeit und sozialen Homogenität der *suburbs* verbindet. In solchen als *urban entertainment destinations* bezeichneten Vergnügungszielen für Touristen und Vorortbewohner können die Besucher in abgesicherten Räumen eine neuartig inszenierte Form städtischen Abwechslungsreichtums konsumieren, ohne dabei mit den Problemen der Städte konfrontiert zu werden.

Gleichzeitig werden für die Mittelschichtsangehörigen mit Sehnsucht nach urbanem Flair auch in den Vororten neuartige Bauprojekte entwickelt. Am Rande der Agglomerationen, noch weiter vom Zentrum entfernt als die Einfamilienhausgebiete der Nachkriegsjahrzehnte, entstehen immer öfter sogenannte neotraditionelle Siedlungen, deren Design an historische Kleinstädte erinnern soll. Tatsächlich lassen sich dort auch qualitätvolle Gestaltungselemente wie fußgängerorientierte Einkaufsstraßen, Fahrradwege und Wohnstraßen mit breiten Bürgersteigen finden. Die Probleme der bereits existierenden Kernstädte bleiben in diesen Wohnidyllen jedoch außen vor, da die neuen Siedlungen ausschließlich von Angehörigen der Mittel- und Oberschicht bewohnt werden.

Die bekanntesten Beispiele für diese zwei derzeit wichtigsten Trends in der amerikanischen Stadtplanung, *urban entertainment destinations* und neotraditionelle Siedlungen, sind in den vergangenen Jahren von der Walt Disney Company lanciert worden. Der Konzern, der zuvor vor allem Themenparks und Filmstudios gebaut hat, ist heute federführend am bedeutendsten unterhaltungsorientierten Stadterneuerungsprojekt, dem Times Square Redevelopment in New York, beteiligt. Gleichzeitig errichtet Disney die bisher größte neotraditionelle Siedlung, die 20.000-Einwohner-Stadt Celebration in Florida. Dabei verwendet der Medienkonzern seine Erfahrung aus der Gestaltung von Vergnügungsparks und sein in Jahrzehnten gesammeltes Marketingwissen über die Konsumwünsche der Mittelschicht, um den Vorortbewohnern einen vermeintlichen Ausweg aus der Monotonie der konventionellen *suburbs* zu bieten.

Die wachsende Unzufriedenheit über die bauliche Struktur der Großstadtregionen ist aber nur einer der beiden wesentlichen Faktoren für den Erfolg von Disneys Stadtplanungsprojekten. Die zweite wichtige

Voraussetzung ist der weit fortgeschrittene Wandel der USA zu einer Freizeit- und Dienstleistungsgesellschaft mit seinen ökonomischen und sozialen Konsequenzen. Die amerikanische Wirtschaft zeichnet sich nämlich nicht nur dadurch aus, daß der mit der Globalisierung verbundene Abbau von Industriearbeitsplätzen und Zuwachs von produktions- und finanzorientierten Dienstleistungen besonders weit fortgeschritten ist. Ebenso spielt in den USA auch der Bereich der konsumorientierten Dienstleistungen eine größere Rolle für das Wirtschaftswachstum als in anderen Industrienationen. Dabei können vor allem die Unterhaltungs- und die Tourismusbranche hohe Wachstumsraten verzeichnen, von denen Entertainmentkonzerne wie Disney besonders profitieren.

Der *service boom* hat auch für die Stadtentwicklung weitreichende Folgen. Der Dienstleistungssektor weist einen größeren Anteil an Arbeitsplätzen am oberen und unteren Ende der Lohnskala auf als die früher dominierenden Industriebranchen. Die Einkommen der unterschiedlich qualifizierten Beschäftigungsgruppen driften deshalb immer weiter auseinander, so daß sich die Gegensätze zwischen Arm und Reich innerhalb der Stadtregionen weiter zuspitzen. Die wachsenden sozialen Spannungen aber verstärken wiederum das Verlangen der Wohlhabenden nach Aus- und Abgrenzung von den Verlierern der Entwicklung und fördern so langfristig den Bau von gesicherten künstlichen Erlebniswelten und weit abgelegenen idyllischen Vorortsiedlungen. Die derzeitige Entwicklung hilft deshalb Disney in doppelter Hinsicht, ein einträgliches Geschäft zu machen. Einerseits profitiert der Konzern als eines der wichtigsten Entertainment- und Tourismusunternehmen von der steigenden Nachfrage nach Konsum- und Freizeitdiensten. Und andererseits führen die mit der ökonomischen Entwicklung verbundenen Änderungen im sozialen Gefüge zu neuartigen Stadtplanungsprojekten, die der Unterhaltungskonzern ebenfalls in seine Produktpalette aufgenommen hat.

Der erste Schritt zum Verständnis von Disneys Expansion in den Stadtplanungssektor ist deshalb, die gegenseitige Abhängigkeit zwischen der baulich-räumlichen Struktur der Stadtregionen und den krassen sozialen Gegensätzen, von denen die amerikanische Gesellschaft geprägt ist, noch einmal nachzuvollziehen. Dabei ist vor allem die Situation der Mittelschicht bzw. der Vorortbewohner von Bedeutung, denn für sie sind Disneys Stadtplanungsprojekte ja gedacht. Im Folgenden wird deshalb der Wandel der Großstadtregionen in den letzten Jahrzehnten kurz nachgezeichnet, aus dem heraus dann die zunehmende Unzufriedenheit über den baulichen Zustand, der heutige Umgang mit den wachsenden sozialen Gegensätzen sowie der Vermarktungserfolg der angebotenen Scheinlösungen *urban entertainment destination* und Neotraditionalismus nachvollzogen werden können.

1. Polarisierte Städte

Urban Problems

Die Krise der Städte in den USA ist nicht nur das Ergebnis eines im Vergleich zu Europa großzügigen, planerisch kaum eingeschränkten Flächenverbrauchs. Die Gegensätze zwischen den Kernstädten und ihrem Umland sind auch eine Folge großer sozialer Unterschiede und staatlicher Interventionen, die für die verschiedenen Bevölkerungsgruppen unterschiedliche Auswirkungen hatten. Die Grundlagen für die heutige räumliche Struktur der Großstadtregionen wurden in den vierziger und fünfziger Jahren geschaffen, als Milliarden Dollar Steuergelder in die Subventionierung des Einfamilienhausbaus, die Errichtung von Autobahnen und die Sanierung innerstädtischer Quartiere flossen.

Die Kombination aus *highway*-Bau und Kreditprogrammen für den Eigenheimerwerb ermöglichte die Suburbanisierung der weißen Mittelschicht binnen weniger Jahrzehnte und gab den Ausschlag dafür, daß in den neuen Vorortgebieten fast ausschließlich Einfamilienhäuser für die Besserverdienenden entstanden. Gleichzeitig wurden die mit der Abwanderung verbundenen Probleme der Städte durch staatliche Maßnahmen noch forciert. Die damals übliche Kahlschlagsanierung führte zu einer weiteren Destabilisierung der innerstädtischen Quartiere, während die Beschränkung des sozialen Wohnungsbaus auf die Viertel der Minderheiten und dort auf die Allerbedürftigsten die Konzentration von Armut und Arbeitslosigkeit in den Städten noch zusätzlich verstärkte (vgl. Jackson).

Da außer den Quartieren der Afro-Amerikaner und *hispanics* meist nur noch die Wohnviertel der Eliten und die Hauptgeschäftszentren, jedoch wenige Mittelschichtswohngegenden in den Städten zu finden sind, ist das Image der Städte heute von den Problemen seiner überwiegend armen Einwohner geprägt. Der simplifizierende, aber in den Medien oft verwendete Verweis auf „städtische Probleme", *urban problems*, bezieht sich deshalb nicht nur auf ökonomische, fiskalische oder planerische Schwierigkeiten der Gemeinden, sondern auch auf die Situation der ethnischen Minderheiten und Immigranten als solche. Für viele Bewohner der Vororte, die danach streben, sich eben nicht mit den Problemen dieser Gruppen auseinandersetzen zu müssen, steht der Begriff *urban* deshalb als Synonym für das, womit sie in ihrem Lebensalltag nicht konfrontiert werden wollen. Die Stadt als vielfältige soziale Gemeinschaft und widersprüchlicher, zugleich lebenswerter Ort gilt für einen großen Teil der amerikanischen Mittelschicht als nicht mehr erstrebenswerte Lebensweise.

16

Auch als bauliche Form ist das Modell Stadt in die Krise geraten. Das geringe soziale Prestige der meisten innerstädtischen Viertel und das niedrige Mietniveau führten vielfach dazu, daß die Gebäude dort von ihren Besitzern kaum instand gehalten wurden. So entwickelte sich in den meisten Städten um das Hauptgeschäftsviertel herum ein Ring von Quartieren, deren Bebauung dem Verfall preisgegeben wurde und in denen nicht selten ganze Straßenzüge verwaist sind.

Nachdem erkannt worden war, daß die Sanierungsmaßnahmen der Nachkriegsära den physischen Verfall der innerstädtischen Quartiere eher beschleunigt als aufgehalten hatten, begannen zwar in den achtziger Jahren Versuche, die Gebiete anderweitig zu revitalisieren. Doch auch sie orientieren sich nicht mehr am Bild eines dicht bebauten Stadtquartiers. Seit 1980 können von den Städten bundesstaatliche Subventionen für den Bau von Eigenheimen in brachliegenden innerstädtischen Vierteln in Anspruch genommen werden. Ein Beispiel für ein solches Vorhaben ist das Charlotte Gardens Projekt im New Yorker Stadtbezirk Bronx. Hier wurden anstelle der verfallenen Mietskasernen einfachste Fertighäuser errichtet, deren Bewohner Familien sind, die sich einen Fortzug in die Vororte nicht leisten können, die aber offensichtlich einen suburbanen Lebensstil anstreben. Solche Projekte zeigen die Dominanz des Einfamilienhausideals, selbst in den innerstädtischen Quartieren, die oft, wie in der Bronx, hervorragend durch die U-Bahn erschlossen sind, und in denen eine dichtere Bebauung deshalb eigentlich angebracht wäre. Da natürlich auch in den Vororten das Einfamilienhaus alle anderen Wohnformen an Bedeutung weit übertrifft, werden dichtere urbane Wohngebiete in den amerikanischen Stadtregionen also immer mehr zur Ausnahme, die meisten der bestehenden mehrgeschossig bebauten Quartiere aber als „Problemviertel" stigmatisiert.

Doch nicht nur die Wohnbezirke, sondern auch die innerstädtischen Industriegebiete haben sich in den vergangenen Jahrzehnten rasant verändert. Das einstige Modell der Massenproduktion und -konsumption um große industrielle Komplexe herum ist von einer flexibleren Organisationsform des Produktionsprozesses abgelöst worden, von der vor allem kleinere und mittlere Unternehmen profitieren. Während diese neuen, innovativen Betriebe meist in suburbanen Gewerbeparks angesiedelt wurden, sind die traditionellen Industriequartiere in den Großstädten weitgehend aufgegeben worden. Dementsprechend konzentriert sich seit den siebziger Jahren die Bautätigkeit in den meisten amerikanischen Städten auf das *central business district* genannte Hauptgeschäftsviertel, das meist den einzigen Bereich der *inner city* darstellt, von dem noch ökonomische Wachstumsimpulse ausgehen.

Dual Cities

Der Boom der produktionsorientierten Dienstleistungen in den achtziger Jahren brachte eine Intensivierung der Bautätigkeit in den *central business districts* der meisten amerikanischen Großstädte mit sich. Dies galt vor allem für die sich rasant entwickelnden Metropolen mit einem Dienstleistungssektor von globaler Bedeutung. Angesichts der Deregulierungs- und Privatisierungspolitik sowie der Internationalisierung des Produktionsprozesses nahmen vor allem Ausmaß und Bedeutung der Kapitalströme stark zu. In diesem Prozeß entwickelten sich einige der traditionellen Finanzzentren zu den als *global cities* bezeichneten Kontrollzentren einer räumlich verteilten, aber global integrierten Organisation der wirtschaftlichen Aktivitäten, in denen nun in bisher unbekanntem Ausmaß neue Arbeitsplätze in Unternehmenszentralen, Banken, Versicherungen und im Bereich der produktions- und finanzorientierten Dienstleistungen entstanden.

Die Rolle als internationale Finanz- und Dienstleistungszentren hat auch die soziale Struktur solcher Städte wie New York, Los Angeles, Chicago oder Miami verändert. Heute zeichnen sich diese Städte durch einen polarisierten und globalisierten Arbeitsmarkt aus. Denn während am oberen Ende der Einkommensskala Arbeitsplätze für eine Elite von internationalen Spezialisten der globalen Kapitalverwertung geschaffen wurden, entstehen am unteren Ende der Einkommensskala Jobs ohne soziale Absicherung, die üblicherweise nur von Immigranten angenommen werden (vgl. Sassen). Als Folge dieser Polarisierung der Arbeitsmärkte haben sich die sozialen Gegensätze in den amerikanischen Großstädten noch weiter zugespitzt. In den wenigen gutsituierten Vierteln steigt der Wohlstand, während in den Quartieren der Einwanderer und Afro-Amerikaner die Armut immer bedrückendere Ausmaße annimmt.

Am stärksten prallen diese krassen Gegensätze in den *central business districts* aufeinander, denn dort leben zwischen den Bürotürmen und Kaufhäusern erschreckend viele der *homeless* genannten Obdachlosen. Allein in New York leben etwa 25.000 Menschen buchstäblich auf der Straße, und die Zahl derer, die aus den unterschiedlichsten Gründen zeitweise obdachlos waren oder von Obdachlosigkeit bedroht sind, liegt um ein vielfaches höher (vgl. Marcuse).

Angesichts der Omnipräsenz bedrückender Armut im öffentlichen Raum nimmt die Bedeutung von privaten Einkaufspassagen oder zu Bürokomplexen gehörenden kontrollierten Aufenthaltsbereichen ständig zu. So ist beispielsweise ein großer Teil des *central business districts* von Atlanta von einem Netz klimatisierter, privatisierter Passagen und unterirdischer bzw. über Straßenniveau liegender Gänge durchzogen. Diese ermöglichen den Büroangestellten und Konsumenten, das Stadtzentrum zu durchqueren, ohne auch nur einmal auf den Bürgersteig treten zu müssen. Den Menschen aus der Unterschicht hingegen signalisieren schon die Gestaltung und Ausstattung der Atrien und Passagen ihre Unerwünschtheit. Hinzu kommt die Überwachung und Kontrolle durch private Sicherheitsdienste und deren technisches Equipment wie Videokameras und Alarmanlagen. Damit wird die Neuorganisation des Raumes in den Geschäftszentren vervollständigt. Die Gewinner der sozialen Polarisierung ziehen sich in gesicherte Aufenthaltszonen zurück, die Obdachlosen und Armen werden auf die Straßen verwiesen und die Grenzbereiche zwischen diesen Welten werden durch gestalterische, symbolische Schwellen und private *security*-Kräfte gesichert.

Entertainment Destinations

Seitdem der Boom der produktions- und finanzorientierten Dienstleistungen, der in den achtziger Jahren die wirtschaftliche Entwicklung der USA geprägt hatte, nachgelassen hat, ist der Bau neuer Büroflächen in den *central business districts* der amerikanischen Großstädte stark zurückgegangen. Außerdem werden seit Jahren in zunehmendem Maße Büroflächen außerhalb der politischen Grenzen der Städte in neuen Gewerbeparks errichtet, die den traditionellen Hochhausvierteln der *inner cities* ihren Rang streitig machen. Mittlerweile liegen 57 % der gesamten Bürofläche der USA außerhalb der Stadtzentren, der größte Teil davon in suburbanen Büroparks (vgl. Fishman).

Da vom Bürohausbau demzufolge kaum neue Impulse für die wirtschaftliche Entwicklung der amerikanischen *central business districts* zu erwarten sind, treten zunehmend Projekte in den Vordergrund, die auf den wachsenden Markt der unterhaltungsorientierten Dienstleistungen abzielen. Der Inbegriff dieser Entwicklung ist die Stadt Las Vegas, die in den letzten zwanzig Jahren ihre Einwohnerzahl von 200.000 auf eine Million verfünffacht hat. Die Casino-Metropole zog einen großen Teil des Wachstums der amerikanischen Glücksspielindustrie an, deren Umsatz zwischen 1982 und 1995 von 10 auf über 44 Milliarden Dollar gestiegen ist. Gigantische neue Hotelbauten mit mehr als 2.500 Räumen und Baukosten von bis zu anderthalb Milliarden Dollar zeugen von diesem Boom und versuchen Kunden mit der Verwendung historischer, exotischer oder auch städtischer Motive wie Venedig, Paris und New York anzulocken (vgl. Hannigan).

Zwar handelt es sich bei Las Vegas nach wie vor um einen herausragenden Einzelfall, denn das Glücksspiel bleibt in den USA auf wenige Orte beschränkt. Doch auch die anderen Bereiche der Freizeitindustrie boomen und bilden in fast allen großen amerikanischen

Städten die Basis zur Durchführung konsum- und unterhaltungsorientierter Bauvorhaben. Vorläufer dieser Entwicklung waren die Projekte des Developers James Rouse. Seine in *public-private partnership* errichteten *festival market places* waren der erste erfolgreiche Versuch, durch den Umbau historischer Gebäude zu Einkaufszentren wieder zahlreiche Touristen und Vorortbewohner in die Innenstädte zu locken. Nachdem sein Projekt Faneuil Hall in Boston ein sensationeller Erfolg wurde, wandte er das selbe Konzept im Laufe der achtziger Jahre auch bei Bauvorhaben in New York (South Street Seaport), Milwaukee (Grand Avenue), Miami (Bayside), Baltimore (Harborplace) und St. Louis (Union Station) an. Dabei machte er deutlich, daß seine Projekte mit ihrer Kombination aus historisierender Gestaltung, Unterhaltungselementen und Konsumbereichen maßgeblich von Disneys Themenpark inspiriert waren, und bezeichnete Disneyland sogar als „*the greatest piece of urban design in the U.S. today*" (zitiert in: Ross, S. 68).

Obwohl Rouse᾿ Projekte mittlerweile in fast allen amerikanischen Großstädten nachgeahmt werden, ist ihr Nutzen für die Allgemeinheit durchaus in Frage zu stellen. Ein interessantes Beispiel, an dem Rouse maßgeblich beteiligt war, ist der Wandel der Hafenstadt Baltimore in Maryland, die als eine der am stärksten vom Niedergang der Altindustrien betroffenen Städte galt. In den achtziger Jahren wurde hier das traditionsreiche Hafenviertel touristengerecht umgestaltet, und auf diese Weise konnten auch tatsächlich neue Impulse für den Dienstleistungssektor und damit den Arbeitsmarkt der Stadt gegeben werden. Dazu war allerdings die Konzentration fast aller Ressourcen der Gemeinde auf den zentralen Bereich notwendig, so daß in den anderen Quartieren der Stadt fast gar keine Erneuerungsmaßnahmen durchgeführt werden konnten und sich die sozialen Gegensätze zwischen den einzelnen Stadtteilen noch verschärften (vgl. Levine).

Trotz solcher negativen Aspekte nehmen die tourismus- und unterhaltungsorientierten Projekte aufgrund des anhaltenden Wachstums der Konsumdienste einen seit Jahren ständig steigenden Stellenwert in der amerikanischen Stadtplanung ein. Das renommierte Urban Land Institute, das neue Kooperationsmöglichkeiten für *public-private partnerships* von Immobilienwirtschaft und Stadtverwaltungen erforscht, sieht in solchen Projekten, die es als *urban entertainment destinations* bezeichnet, den derzeit aussichtsreichsten Sektor der Wirtschaft amerikanischer Städte (vgl. Beyard und Rubin).

In zunehmendem Maße sind große Unterhaltungskonzerne in diese Projekte involviert, denn sie haben erkannt, daß der Städtetourismus der Mittelklasse ein Wachstumsmarkt ist, den sie mit ihren etablierten Produktnamen und ihren erprobten Vermarktungstechniken gewinnbringend ausschöpfen können (vgl. Braun).

Entertainment als Stadtersatz: *Während die Hauptstraßen, wie in Lake Charles (oben), buchstäblich leerstehen, boomen künstliche Stadtzentren, wie der „Universal CityWalk" bei Los Angeles (unten), der aus Studios, Vergnügungspark und Shoppingcenter besteht.*

Bei solchen *urban entertainment destinations* ist zwischen mehreren Typen zu unterscheiden, die verschiedene Marktsegmente bedienen. Dies sind im Wesentlichen:

- Unterhaltungsorientierter Einzelhandel, d.h. zu Medienkonzernen gehörende Geschäfte, in denen Unterhaltungsprodukte wie Bücher, Tonträger oder Videocassetten angeboten werden, aber auch sogenannte *merchandising*-Produkte, also einfache Konsumgüter, die mit Motiven aus Film- und Fernsehen verziert und mit kräftigem Preisaufschlag zum Vielfachen der Herstellungskosten verkauft werden. Die bedeutendsten solcher Handelsunternehmen sind die Disney Store- oder die Warner Bros. Studio Store-Ketten.
- Themenrestaurants, d.h. Restaurants, die Touristen dadurch anziehen, daß ihre Innenausstattung einem bestimmtem Motiv folgt. Oft werden als besondere Attraktion Erinnerungsstücke an Medienstars verwendet. Die bekanntesten solcher Restaurants sind die Hard Rock Cafés, deren Konzept heute vielfach nachgeahmt wird. Hierzu gehören neuere Ketten wie z.B. Planet Hollywood, in dem sich alles um Filmstars dreht, Official All Star Café, dessen Motiv bekannte Sportler liefern, oder das Fashion Café, für das einige bekannte Models ihren Namen hergegeben haben.
- High-Tech-Unterhaltungszentren, d.h. moderne Spielhallen, in denen Videospiele gespielt werden können, die die neuesten technischen Möglichkeiten nutzen und dem Besucher z.B. interaktive Filme, Flug- und Fahrsimulatoren oder einen Einblick in die Welt der computergestützten virtuellen Realität bieten. Die japanischen Computerspielhersteller Sega und Konami sind mit ihren Sega Arcades bzw. Konami Centers in diesem Bereich Vorreiter, aber auch der Disney-Konzern versucht, sich mit seinen für Kinder und Jugendliche konzipierten Club Disney Arcades und Disney Quest Centers diesen Markt zu erschließen.
- Kinogroßkomplexe und Kinos mit Spezialvorführungstechniken, d.h. Multiplex-Großkinos, die meist aus etwa acht bis zehn, z.T. bis zu zwanzig einzelnen Vorführungssälen bestehen, wie z.B. die Großkinos des japanischen Unterhaltungskonzerns Sony. Noch stärker auf ein touristisches Potential ausgerichtet sind die Spezialkinos, in denen unter Verwendung von besonderen Technologien Erlebnis-Filme gezeigt werden, beispielsweise als 3-D-Filme oder als Filme für kuppelförmige Leinwände.

Darüber hinaus gibt es noch eine Vielzahl von Spielarten dieser Grundtypen, darunter die als *urban entertainment center* bezeichneten Großkomplexe, die aus einer Kombination mehrerer solcher Unterhaltungselemente bestehen.

All diesen *urban entertainment destinations* ist gemeinsam, daß sie zwar in den *inner cities* liegen, aber trotzdem ganz auf die Bedürfnisse eines konsum- und unterhaltungsfreudigen touristischen oder suburbanen Publikums ausgerichtet sind. Denn die Angehörigen der Mittel- und Oberschicht stellen die kaufkräftigsten Schichten dar. Deshalb sind die Vorortbewohner, und nicht die Bewohner der Städte selbst, die Zielgruppe der Investoren.

Die Menschen aus den *suburbs* sind auch durchaus bereit, am Wochenende oder in den Ferien in die Städte zu fahren und dort ihr Geld auszugeben. Dabei kommen für sie aber mittlerweile fast ausschließlich die *urban entertainment destinations* in Frage, denn mit der Realität der meisten anderen Innenstadtquartiere wollen sie nichts zu tun haben. Ihre Vorstellungen über wünschenswerte urbane Qualitäten sind mittlerweile so sehr vom Leben in der automobilorientierten, sauberen, sicheren und ethnisch homogenen *suburbia* geprägt, daß den meisten von ihnen städtischer Abwechslungsreichtum nur noch in der von den Developern und Medienkonzernen organisierten und inszenierten Form behagt.

2. Amorphe Vorortlandschaften

Suburban Sprawl

Die als *suburban sprawl* bezeichnete wuchernde Zersiedelung des Umlandes der amerikanischen Großstädte hat dazu geführt, daß das suburbane Einfamilienhaus heute die in den USA vorherrschende Wohnform ist. Mittlerweile leben 45% der amerikanischen Bevölkerung im Umland der Großstädte, während nur noch ein Drittel in den Städten selbst wohnt (vgl. Fishman). Bei den Präsidentschaftswahlen 1992 stellten die Bewohner der Vororte sogar das erste Mal mehr als die Hälfte der Wähler (vgl. Schulz zur Wiesch).

Beim Bau der suburbanen Wohngebiete wurde meist dasselbe automobilgerechte Erschließungsmodell mit einer geschwungenen Straßenführung und einer Vielzahl von *cul-de-sac* getauften Sackgassen verwendet. Diese Erschließungsweise, die sich bewußt vom strengen Straßenraster der Städte unterscheiden sollte, prägt bis heute das Bild der Vororte. Ebenso üblich sind die (im Vergleich zu europäischen Verhältnissen) großzügig bemessenen Grundstücke, deren Gärten im allgemeinen als Rasenflächen angelegt sind und so als Abstandsgrün zum Nachbarhaus fungieren. Außerdem verfügen die meisten Häuser über mehrere Garagen und eine großzügige Auffahrt, so daß das Straßenbild von repräsentativ geparkten Autos beherrscht wird.

Dem gleichförmigen Anblick der *suburbs* entspricht auch ihre kulturelle Homogenität. Da fast ausschließlich Angehörige der weißen Mittel- und Oberschicht in die *suburbs* zogen, hat sich in den Vororten nie die ethnische und kulturelle Vielfalt, die die amerikanischen Großstädte prägt, ergeben können. Außerdem wurden viele Vorortsiedlungen in relativ kurzer Zeit errichtet, so daß in diesen Wohngebieten eine Altersgruppe (meist Menschen, die zum Zeitpunkt des Baus der Siedlung gerade eine Familie gegründet hatten) stark überwiegt. Zusätzlich wird die homogene Bevölkerungsstruktur der *suburbs* noch dadurch gefördert, daß zwischen den einzelnen Vororten große Unterschiede im sozialen Prestige und bei Größe und Ausstattung der Gebäude bestehen. Eine Mischung verschiedener Einkommensgruppen ist deshalb eher die Ausnahme. Vielmehr sichern sich die wohlhabenderen und prestigeträchtigeren Vororte mit planungs-rechtlichen Mitteln gegen den Zuzug einkommensschwacher Menschen ab, indem sie durch Vorschriften über die Mindestgröße eines Grundstückes und die zulässige Bebauung dafür sorgen, daß nur diejenigen in diese Orte ziehen können, die in der Lage sind, sich eine großzügige Villa zu leisten (vgl. Danielson und Doig).

Nachdem in den Nachkriegsjahrzehnten die kaufkräftigen Schichten in die *suburbs* gezogen waren, folgte ihnen bald auch der Einzelhandel. Anfänglich wurden meist planlos Geschäfte, Tankstellen und Restaurants an den *strips* genannten Hauptstraßen gebaut, doch nach und nach entwickelten sich auch immer größere und ausgefeiltere Formen von Einkaufszentren. In den sechziger Jahren setzte sich das Modell der *shopping mall* durch, von denen es heute über 28.000 in Nordamerika gibt (vgl. Crawford).

Die riesigen, meist in der Nähe von Autobahnkreuzungen errichteten Einzelhandelskomplexe sind allseitig mit Parkplatzflächen umgeben und verbreiten nach außen eine entsprechend wenig urbane Atmosphäre. Das Innere hingegen fungiert oft als eine Art Ersatz-Stadtzentrum für die Bewohner der umliegenden *suburbs*. Neben zahlreichen kleineren Geschäften und den als Anker dienenden Kaufhäusern finden sich in den *shopping malls* noch weitere Einrichtungen wie Restaurants, Kinos und Kinderspielplätze. Denn in die *shopping malls* kommen die Menschen nicht mehr nur zum Einkaufen. *Shopping malls* sind heute der bevorzugte Aufenthaltsort für Jugendliche auf der Suche nach Kontakt mit Gleichaltrigen, hier werden Modenschauen veranstaltet, finden Single-Treffs statt und machen ältere Menschen ihre täglichen Spaziergänge. Für die Vorortbewohner gehören die *shopping malls* zu den wichtigsten Orten der sozialen Begegnung.

Edge Cities

Die typischen automobilorientierten *suburbs* der Nachkriegsära waren zunächst noch Wohngegenden mit wenigen Einzelhandelseinrichtungen. Doch seit den siebziger Jahren entstehen in den Vororten in zunehmendem Maße auch Arbeitsplätze in neuen Gewerbegebieten und Büroparks, so daß viele Bewohner der *suburbs* überhaupt nicht mehr in die Kernstadt fahren. Im Laufe dieses Wanderungsprozesses wächst die Stadt ständig an ihren Rändern und werden neue Subzentren immer weiter von der Kernstadt entfernt gebaut. Die Folge dieser Entwicklung ist, daß schließlich weder die Grenze der Agglomeration noch ein eindeutiges räumliches Zentrum der ökonomischen Aktivitäten feststellbar ist.

Die Kernstädte mit dem *downtown* genannten historischen Stadtzentrum und den einfachen Vierteln der Minderheiten verlieren im Laufe dieser Entwicklung kontinuierlich an Anziehungskraft, während sich das Wirtschaftswachstum der Region vor allem in den Vororten niederschlägt. Besonders deutlich wird dies in den neuen, ungeplant entstandenen Subzentren, die vor allem in den achtziger und neunziger Jahren an den aus der Stadt herausführenden *highways* gebaut worden sind. Diese diffusen Ballungen von Einkaufszentren und Bürohochhäusern haben sich in den letzten Jahren so rasant entwickelt, daß in vielen Fällen ihre wirtschaftliche Bedeutung die der traditionellen Stadtzentren weit übertrifft (vgl. Leinberger).

So gibt es beispielsweise um die Hauptstadt Washington herum über zwanzig solcher neuen Subzentren. Das größte von ihnen, Tyson's Corner, ist in kaum mehr als zwanzig Jahren entstanden und besteht heute aus Dutzenden von Hotels, Einkaufszentren und Bürohochhäusern. Tyson's Corner weist damit eine Gesamtbürofläche auf, die größer ist als die vieler etablierter Großstädte, wie z.B. Miami, das immerhin das Handels- und Finanzzentrum des karibischen Raumes ist. Joel Garreau hat die Struktur dieser neuartigen Stadtrandgemeinden eindrucksvoll geschildert und sie als *edge cities* bezeichnet (vgl. Garreau). Aus seinen Beschreibungen verschiedener Agglomerationen wird deutlich, wie sich mit dem Entstehen dieser Zentren auch eine postsuburbane Lebensweise herausbildet, also eine Alltagskultur, die zu den Kernstädten fast keinen Bezug mehr hat.

Obwohl die *edge cities* als neue Zentren für jeweils zigtausende von Bewohnern der *suburbs* fungieren und zunehmend höher und dichter bebaut werden, haben sie nichts mit den baulichen Strukturen der älteren Städte gemein. Vielmehr sind sie „amorphe Auswüchse" (Sudjic, S. 118) einer automobilorientierten Vorortlandschaft, in denen es weder Fußgängerwege noch Außenräume mit Aufenthaltsqualität gibt, sondern nur beliebig nebeneinander gestellte Geschäfte, Restaurants, Bürohochhäuser und Einkaufszentren, die von riesigen Parkplatzflächen umgeben sind.

Peripherie als Zentrum: *Gewerbegebiete am Stadtrand, wie hier bei Washington D.C.,*
haben die amerikanischen Innenstädte in ihrer ökonomischen Bedeutung längst überholt.
Städtische Strukturen lassen sich in diesen edge cities *aber kaum finden, sondern nur ein*
beziehungsloses Nebeneinander von Einkaufszentren, Bürokomplexen und Parkplätzen.

Da immer mehr Arbeitsplätze in diesen Subzentren und damit nicht
mehr im geographischen Mittelpunkt der Region liegen, können die dort
arbeitenden Menschen noch weiter an den Rand der Agglomeration ziehen,
wo neue Wohngebiete entstehen, die einen äußeren Ring von neueren
suburbs bilden. Bei diesen in den achtziger und neunziger Jahren
entstandenen Vororortsiedlungen nehmen, als Folge des Bedürfnisses einer
wachsenden Zahl von Amerikanern sich vor realen oder imaginierten
Bedrohungen zu schützen, sogenannte *gated communities* eine immer
größere Bedeutung ein. Dabei handelt es sich um Wohnanlagen, die durch
Mauern und Zäune umgeben und mit einer Zugangs- bzw. Zufahrts-
kontrolle, die meist durch einen Wachmann erfolgt, ausgestattet sind.
Mittlerweile leben in den USA über vier Millionen Menschen aus der
Mittel- und Oberschicht in solchen Anlagen, die vor allem in der Nähe der
Großstädte errichtet werden (vgl. Blakely und Snyder).

Darüber hinaus entstehen am Rand der Stadtregionen weitere neue
Gewerbegebiete, die bis zu 50 Kilometer vom ursprünglichen Zentrum
entfernt liegen. Sie weisen meist eine so geringe Dichte auf, daß sie noch
weniger mit urbanen Strukturen gemein haben als die herkömmlichen *edge*
cities. Im Gegensatz zu den unkontrolliert entstandenen Subzentren werden

die neuen High Tech- und Dienstleistungszonen meist von Developern planmäßig als Gewerbeparks angelegt, die angesichts des großzügigen Umgangs mit der Landschaft und ihrer gärtnerischen Gestaltung diese Bezeichnung auch wirklich verdienen (vgl. Leinberger).

Solche Gewerbegebiets-Parklandschaften bilden einen Teil der semiruralen Randbereiche der Agglomerationen, die mit ihrer geringen Dichte weder den durchgehend bebauten suburbanen Zonen noch dem ländlichen Raum zugeordnet werden können. Dabei bezieht sich der Begriff semirural weniger auf eine agrarisch geprägte ländliche Idylle, als vielmehr darauf, daß bei der Bebauung dieser Bereiche in verschwenderischer Weise Landschaft einbezogen und verbraucht wird. So bestehen diese auch als *ex-urbia* bezeichneten Gebiete aus einer Mischung aus offener Landschaft, in die Natur eingebetteten High-Tech- oder Büro-Parks, Golf- und Country-Clubs, Flugplätzen für die Firmenjets und in die Landschaft eingestreuten, oft durch Zäune und Wachdienste gesicherten semiruralen Wohnanlagen der Wirtschaftseliten, die kaum als besiedelte Bereiche wahrzunehmen sind weil die einzelnen Villen so großzügig mit Freiflächen umgeben werden.

Angesichts der neuen polyzentralen Struktur der amerikanischen Stadtregionen stellt Robert Fishman fest, daß die Bedeutung der Kernstädte so dramatisch zurückgegangen ist und die automobilorientierten Subzentren für viele Hochtechnologie-Firmen und spezialisierte Dienstleistungsunternehmen bereits so selbstverständlich ihre gewohnten Standorte geworden sind, daß für viele Branchen „... die Peripherie unsere Innenstädte als Zentrum und Kern unserer Zivilisation abgelöst [hat]" (Fishman, S. 73).

New Urbanism

Der andauernde Prozeß der Randwanderung boomender Unternehmen und wohlhabender Bürger führt nicht nur in den ökonomisch zurückbleibenden Kernstädten zu Problemen. Auch in den Vororten selbst verringert sich die Lebensqualität angesichts der ungebremsten Zersiedelung der Landschaft. Die tägliche Unumgänglichkeit mehrstündiger Autofahrten auf verstopften *highways*, die sprichwörtlich gewordene bauliche Eintönigkeit der *suburbs* und das völlige Fehlen vielfältiger kleinteiliger urbaner Strukturen haben dazu geführt, daß der *sprawl* auch von den Bewohnern der Vororte nicht mehr einhellig begrüßt wird.

Hinzu kommt eine langsam einsetzende kulturelle Abwertung der Vororte aus den früheren Bauphasen. Da die Bausubstanz der einst zügig errichteten Holzhäuser schon wieder veraltet ist und die Besserverdienenden in weiter draußen gelegene Vororte ziehen, verliert das Wohneigentum im Einfamilienhausvorort seinen Status als eindeutiges Symbol für Mittelschichtsglück. Eine solche Entwicklung ist beispielsweise im San

Fernando Valley im nördlichen Teil von Los Angeles festzustellen. Das Einfamilienhausgebiet mit mehreren hunderttausend Einwohnern war in den fünfziger und sechziger Jahren landesweit ein Inbegriff typischer monotoner Mittelschichtswohngebiete. Geblieben ist davon allerdings nur die Monotonie. Die Probleme, die das Gebiet heute charakterisieren, erinnern eher an die Situation der dichter bebauten Mietskasernenviertel. Die Besserverdienenden sind fortgezogen, es bleiben die einkommensschwachen Bevölkerungsgruppen und noch ärmere Immigranten kommen hinzu (vgl. Whitaker). In Anbetracht der Dynamik einer sich durch Fortzug von den ärmeren Schichten abgrenzenden Mittelschicht und angesichts der mit dem derzeitigen ökonomischen Strukturwandel verbundenen sozialen Polarisierung ist zu erwarten, daß dieser Wandel in den älteren *suburbs* auch anhalten wird.

Vor dem Hintergrund dieser kulturellen Abwertung der bestehenden Vororte sowie der wachsenden Unzufriedenheit vieler Vorortbewohner mit der bestehenden Situation ist eine einflußreiche Architekten- und Stadtplanerbewegung gegründet worden, die mit einem als New Urbanism bezeichneten Konzept die Probleme der amerikanischen Stadtregionen lösen will. Die städtebaulichen Mängel der *suburbs*, die Gegensätze zwischen Vororten und Städten sowie die ökologischen Konsequenzen der weiteren automobilorientierten Ausdehnung der Stadtregionen sollen demnach durch eine Regulierung des Wachstums behoben werden.

Die Anhänger des New Urbanism verstehen sich dabei als eine Bewegung, die angetreten ist, die Lebensqualität der Menschen zu verbessern. In bewußter Anlehnung an die Organisation der CIAM (der Congrès Internationaux pour l'Architecture Moderne genannten Vereinigung, zu der die Protagonisten der modernen Architektur sich seinerzeit zusammengeschlossen hatten), allerdings in strikter Ablehnung von deren Zielen, haben die New Urbanists einen CNU - Congress for the New Urbanism - ins Leben gerufen und eine eigene Charta (als Gegenstück zur Charta von Athen des CIAM von 1933) beschlossen, in der die Grundzüge ihrer Ziele dargelegt werden.

Die New Urbanists schlagen vor, nicht mehr nach dem bisher verbreiteten automobilgerechten Schema zu bauen, sondern in Anlehnung an Konzepte der zwanziger Jahre, die aus der Gartenstadt-Idee heraus entstanden waren, Siedlungen zu errichten, deren Aufbau an die Struktur einer gewachsenen Kleinstadt mit einem verdichteten Zentrum erinnert. Dabei sollen eine fußgängergerechte Planung, eine stärkere Ausrichtung auf den öffentlichen Personennahverkehr und die Mischung unterschiedlicher Nutzungen im Vordergrund stehen.

Peter Calthorpe, einer der wichtigsten Vertreter des New Urbanism, betont vor allem die Bedeutung der Verdichtung, einer Verbesserung des öffentlichen Nahverkehrssystems und der Begrenzung des Wachstums der

Großstadtregionen. Deshalb schlägt er als *transit-oriented development* bezeichnete Siedlungen vor, die jeweils ca. 5.000 Einwohner und für diese ein verdichtetes, fußgängergerechtes, an einem Nahverkehrsanschluß gelegenes Zentrum haben sollen, in dem die wichtigsten sozialen Einrichtungen und Geschäfte zur Versorgung der Bevölkerung mit Gütern des täglichen Bedarfs untergebracht sind. Mehrere solcher Grundeinheiten des regionalen Wachstums sollen größere Gruppen bilden, in deren Zentrum dann ein noch dichter bebauter Bereich mit zentralen Einrichtungen läge. Mit dieser neuen, verdichteten und weniger automobilgerechten Siedlungsweise soll die weitere flächenhafte Ausdehnung der Regionen verhindert und das Wachstum auf einen Bereich innerhalb klar definierter und wahrnehmbarer Grenzen beschränkt werden (vgl. Bressi).

Die Ideen der New Urbanists beziehen sich aber nicht nur auf das städtebauliche Gesamtkonzept der Siedlungen, sondern ebenso auf deren architektonische Gestaltung. Die Architekten Andres Duany und Elisabeth Plater-Zyberk, die zu den prominentesten Vertretern des New Urbanism gehören, setzen sich besonders dafür ein, in den neuen Siedlungen auch die einzelnen Häuser in einer historisierenden, der „typischen" Bauweise der Region entsprechenden Form zu gestalten. Bei solchen als *neotraditional development* bezeichneten Wohngebieten wird neben dem an traditionellen kleinstädtischen Strukturen orientierten Gesamtkonzept vor allem auf ein romantisierendes Erscheinungsbild Wert gelegt, das durch eine künstlerische Komposition der einzelnen Gebäude und umfassende Gestaltungsvorschriften erreicht werden soll (vgl. Southworth).

Duany und Plater-Zyberk haben auch schon bereits mehrere Siedlungen nach diesen Prinzipien gebaut, von denen vor allem zwei viel Beachtung gefunden haben. Als eines der ersten Projekte der New Urbanists wurde in den achtziger Jahren die Siedlung Seaside in Florida gebaut. Die Anlage besteht vor allem aus weißen oder in Pastelltönen gehaltenen Gebäuden mit vielfältigen Giebeln, Erkern, Portici und Veranden, die die Atmosphäre eines traditionellen Badeortes mit urbanen Qualitäten im Zentrum erzeugen sollen.

In der von ihnen kurze Zeit später gebauten Siedlung Kentlands, unweit der Hauptstadt Washington D.C. gelegen, setzten Duany und Plater-Zyberk aber auf eine pseudo-klassizistische Architektur, die an die teilweise bis zu 150 Jahre alten Gebäude im Washingtoner Stadtteil Georgetown erinnert. Ziegelverblendungen, helle Rustika-Quader sowie weiße Portale und Giebel bestimmen das Bild von Kentlands und demonstrieren so den Versuch der New Urbanists, nicht nur Wohngebiete mit funktionalen Qualitäten, die heute in den *suburbs* kaum zu finden sind, zu bauen, sondern dabei mittels einer historisierenden Architektur ganz bewußt eine kleinstädtische Idylle symbolisch herzustellen, die auf den Mythos der heilen Welt in der Kleinstadt der Vergangenheit Bezug nimmt.

Zurück in die Zukunft: *Die Anhänger der Planerbewegung New Urbanism orientieren sich bei ihren Projekten an der Struktur gewachsener, historischer Kleinstädte. Außerdem werden regionaltypische Architekturelemente verwendet, wie bei der Siedlung Kentlands in Maryland mit ihren pseudo-klassizistischen Ziegelfassaden.*

3. Orte der Hyperrealität

Der Wandel der *inner cities* und der *suburbs* in den letzten zwanzig Jahren hat dazu geführt, daß sich die amerikanischen Großstadtregionen zu einer neuen Art von polyzentrischen Stadtlandschaften entwickelt haben, die von einer Peripherisierung des Zentrums und einer Zentralisierung der Peripherie gekennzeichnet sind (vgl. Soja). Die bisherigen Vorortgemeinden verlieren ihren Charakter als Schlafstädte und werden zu eigenständigen postsuburbanen *outer cities,* die funktional gesehen fast alles bieten, was bisher nur die Kernstädte aufweisen konnten, die jedoch in ihrer ungeplanten und automobilorientierten Struktur mit dem Aufbau einer herkömmlichen älteren Stadt nicht mehr viel gemein haben. So sind die amerikanischen Agglomerationen mit ihrem Nebeneinander von *central business district,* verarmter Kernstadt und neuen automobilorientierten Subzentren zu einer ganz neuen Art von Stadt geworden.

Die veränderte Ausprägung der amerikanischen Stadtregionen bezieht sich jedoch nicht nur auf ihre städtebauliche Form, sondern ist auch mit einem neuen Muster sozialer Fragmentierung und Polarisierung verbunden, die sich einerseits in einer verstärkten ethnischen und sozialen Segregation und andererseits in einem krassen Aufeinanderprallen der sozialen Gegensätze ausdrückt. So fungieren die *central business districts* als Bürostandorte der *global cities* und dienen gleichzeitig der ständig steigenden Zahl von Obdachlosen als Aufenthaltsort. In den citynahen Wohnvierteln liegen die gentrifizierten Stadtteile unmittelbar neben den weiter verarmenden Quartieren der Minderheiten. Und in den Vororten wachsen die Unterschiede zwischen den Verlierern und den Gewinnern der Restrukturierung des Produktionsprozesses, wie beispielsweise zwischen den ehemals einen großen Teil der Mittelschicht stellenden Industriearbeitern, die nun um ihren Arbeitsplatz bangen, und denjenigen, die in den boomenden Dienstleistungsbranchen arbeiten und ihr gestiegenes Einkommen dazu nutzen, sich einen der meist aus Lateinamerika stammenden „neuen Sklaven (illegal eingeschleustes Hauspersonal, das von seinen ‚Besitzern' privat gehalten wird)" (Soja, S. 157) zu leisten. Gegensätze solcher Art sind zwar in den amerikanischen Großstadtregionen schon immer zu finden gewesen - doch das Ausmaß und die Vielfältigkeit der sozialen Brüche, ihre neuartigen Ausprägungen auch innerhalb der Vororte und die Sichtbarkeit dieser Widersprüche haben in den letzten Jahren dramatisch zugenommen.

Mit der verstärkten sozialen Fragmentierung nehmen auch die Versuche zu, einzelne Räume dieser Stadtlandschaft für bestimmte soziale Gruppen durch Ausgrenzung, Überwachung und Bewaffnung zu sichern. Die Versuche, Territorien gegen ungewollte Eindringlinge zu schützen, sind überall in den Stadtregionen sichtbar, wenn private Sicherheitsdienste die Bürokomplexe und Einkaufspassagen kontrollieren, an den Eingängen der Schulen in den innerstädtischen Wohnquartieren die Kinder nach Waffen durchsucht werden, Videokameras die Besucher der Einkaufszentren überwachen, Abfallbehälter mit Stacheldraht vor dem Zugriff der Armen geschützt sind, öffentliche Räume auf eine den Obdachlosen ihre Unerwünschtheit signalisierende Weise gestaltet werden, in den Wohnquartieren überall Warnschilder dem unbefugten Passanten mit Waffengewalt drohen oder ganze Wohnanlagen als *gated communities* errichtet werden (vgl. Davis).

Diesem neuen Charakter der Aufenthaltsbereiche entsprechend haben sich auch die Wahrnehmungs- und Verhaltensweisen der Menschen verändert. In den amerikanischen Großstadtregionen wohnt und arbeitet die Mehrheit der Bevölkerung in den vollkommen auf den Automobilverkehr ausgerichteten Vororten und verbringt ihre Freizeit in privatisierten, kontrollierten Räumen wie Einkaufszentren oder Golfclubs. Gleichzeitig nehmen die soziale Fragmentierung und der Sicherheitswahn dramatisch zu, so daß die älteren Kernstädte von den Vorortbewohnern gemieden werden, sofern sie nicht die Sicherheit des kontrollierten Raumes bieten können. Damit sind für den größten Teil der amerikanischen Bevölkerung der Aufenthalt in herkömmlichen urbanen Räumen, in denen sich Zufallserlebnisse ergeben und soziale Vielfältigkeit erlebbar wird, zur Ausnahme geworden. Statt dessen wird es für einen Großteil von ihnen normal, sich in als Erlebniswelten gestalteten Einkaufszentren aufzuhalten, den Besuch eines Vergnügungsparks als Abenteuer zu empfinden und die soziale Vielfalt ihrer Region nur durch die Medien wahrzunehmen.

Angesichts dieses neuen Lebensstils haben sich, um die entgegengesetzten Wünsche nach Abwechslungsreichtum und Sicherheit gleichzeitig zu befriedigen, die inszenierten „künstlichen" Konsumzonen der Einkaufszentren und die kaum weniger inszenierten „realen" Städte einander angeglichen. Einerseits werden in den privaten *shopping malls* die Läden, Schaufenster und internen Fassaden so gestaltet, daß sie Erinnerungen an ein Stadtzentrum hervorrufen, um für den Kunden eine urbane Vielfalt zu simulieren. Diese Technik, bei der die Phantasie und die Stimmung des Besuchers durch die Gestaltung des Gebäudes angeregt werden, haben die Developer von der Unterhaltungsindustrie übernommen. So verbindet sich heute in den *shopping malls* der Einkauf

„... mit der konzentrierten Bombardierung mit einer Flut von Bildern und Motiven, die unterhalten und anregen und ihrerseits zu weiteren Einkäufen stimulieren. Die Anregungen für dieses Spektakel stammen nicht zuletzt aus Disneyland und aus dem Fernsehen, den beiden bekanntesten Kommerzialisierungsmechanismen der amerikanischen Kultur. Motive der sogenannten ‚Themenparks' sind inzwischen zum festen Bestandteil der Shopping Malls geworden. Man könnte sogar sagen, daß die beiden Institutionen immer mehr verschmelzen - in den Malls findet zunehmend Unterhaltung statt, während die ‚Themenparks' immer mehr zu Einkaufszentren werden. Beide stellen kontrollierte und sorgfältig verpackte öffentliche Räume dar - eine fußläufige Erfahrungswelt für die in den Vorstädten lebenden Familien." (Crawford, S. 79)

Während so in den Passagen und *malls* Urbanität simuliert wird, werden andererseits die Innenstädte den privaten Konsumzonen angeglichen. So werden klimatisierte Einkaufspassagen gebaut, Büroviertel von Sicherheitsdiensten patrouilliert, historische Gebäude für touristische und kommerzielle Zwecke neu erschaffen und ganze Straßenzüge so umgestaltet, daß sie den Qualitäten kontrollierter Erlebniszonen wie Disneyland nahekommen, die die Vorstellung über Design und Aufenthaltsqualität des „öffentlichen" Raumes ganzer Generationen von Amerikanern geprägt haben. Diese Veränderungen der Innenstadtbereiche in gleichartige Konsumzonen, die sich nur oberflächlich durch ihre Gestaltung bzw. ihren regionalen „Stil" unterscheiden, ist soweit fortgeschritten und in allen Großstadtregionen gleichermaßen zu beobachten, daß die amerikanischen Städte, wie Michael

Sorkin es ausgedrückt hat, mittlerweile alle zu *„variations on a theme park"*, also zu Variationen auf das Thema Vergnügungspark, geworden sind (vgl. Sorkin).

Auf diese Weise werden die amerikanischen Großstadtregionen zu Lebensräumen, in denen die Fernsehstudios und Vergnügungsparks eine immer wichtigere Rolle spielen. Da immer öfter Anregungen aus diesen Vorbildern bei der Gestaltung von *shopping malls*, innerstädtischen Fußgängerzonen, *urban entertainment destinations* und historisierenden Siedlungen des New Urbanism verwendet werden, verschwinden schließlich die Grenzen zwischen vermeintlich echter und künstlicher Urbanität. So werden die Stadtregionen zu Landschaften der Simulation, die geprägt sind von der Verbreitung der Hyperrealität in den Alltag. „Heute gilt: Du entscheidest Dich nicht dafür, ins Hyperreale zu gehen, vielmehr besucht es Dich, wo immer Du bist!" (Soja, S. 160).

Teil II: Times Square -
Touristische Urbanität im kontrollierten Raum

Im Herbst 1996 eröffnete die Walt Disney Company in der New Yorker 42nd Street ein provisorisches Gebäude mit einer großen Filiale ihrer Disney-Store-Kette, im Juni 1997 schloß der Konzern die Bauarbeiten am für Muscialaufführungen renovierten historischen New Amsterdam-Theater ab, im Sommer 1999 eröffnete die Disney-Tochterfirma ESPN ein Themenrestaurant in der 42nd Street und darauf kurz erfolgte die Einweihung eines Times Square-Studios des Fernsehsenders ABC, der ebenfalls zum Disney-Konzern gehört. Mit diesen Investitionen ist Disney die treibende Kraft des Times Square/42nd Street Redevelopment Project, eines umfassenden Erneuerungsvorhabens in Midtown Manhattan, das als derzeit bedeutendstes innerstädtisches Planungsvorhaben der USA gilt.

Der Times Square mit seiner charakteristischen, von Neonwerbung erhellten Kreuzung liegt an dem Teil des Broadway, an dem die meisten Theater der Stadt zu finden sind, und ist so in der ersten Hälfte des 20. Jahrhunderts als das Vergnügungsviertel New Yorks weltweit bekannt geworden. Doch dieses Symbol amerikanischer Großstadtkultur verlor seit den fünfziger Jahren zusehends seine einstige Bedeutung als Unterhaltungs-zentrum. Als bevorzugter Aufenthaltsort von Obdachlosen, Prostituierten und Straßendealern wurde die Gegend statt dessen zu dem Teil New Yorks, an dem die typischen Widersprüchlichkeiten amerikanischer Großstädte sichtbar wurden wie nirgendwo sonst in der Stadt.

Mit dem ausdrücklichen Ziel, diesen spezifischen Charakter des Quartiers zu ändern wurde in den achtziger Jahren das Times Square/42nd Street Redevelopment Project begonnen, durch das die Umwandlung der Gegend in ein Büroviertel forciert werden sollte. Aufgrund der Überdimensionierung des Projektes und einer Fehleinschätzung des Büromarktes konnte das Vorhaben jedoch nicht in der ursprünglich geplanten Form realisiert werden. Trotzdem waren aber bereits große Teile des Quartiers geräumt worden, so daß jahrelang mehrere Blocks an einem der zentralen Orte der Stadt leer standen.

Im Laufe der neunziger Jahre hat das Vorhaben durch das Eingreifen des Architekten und Disney-Aufsichtsratsmitglieds Robert A.M. Stern eine ganz neue Wendung bekommen. Denn mit dem Einstieg des Disney-Konzerns ist zwar dem Projekt zum Durchbruch verholfen worden, doch stehen nun nicht mehr Büronutzungen im Vordergrund, sondern Konsum- und Unterhaltungsdienstleistungen, die sich an ein touristisches und suburbanes Publikum wenden.

Bei dieser Neuformulierung des Stadterneuerungsvorhabens kam der Bezugnahme auf die Vergangenheit des Ortes und einer Gestaltung, die seinem historischen Aussehen nahekommt, besondere Bedeutung zu. Um die derzeitige Veränderung am Times Square nachzuvollziehen, muß man sich deshalb zunächst mit der geschichtlichen Bedeutung der 42nd Street und mit der Entwicklung des Quartiers zum bekanntesten Vergnügungsviertel Amerikas beschäftigen.

4. Crossroads of the World

An der Südspitze Manhattans wurde zu Beginn des 17. Jahrhunderts von niederländischen Kaufleuten die Handelsniederlassung Nieuw Amsterdam gegründet. Mit der Vertreibung der indigenen Bevölkerung und der Übernahme durch die Briten wuchs die in New York umbenannte Stadt auf einem unregelmäßigen Grundriß weiter nach Norden. Nach dem Unabhängigkeitskrieg wurde das weitere Wachstum der Stadt schließlich 1811 durch den Commissioner's Plan geregelt, der für den mittleren und nördlichen Teil Manhattans das berühmte rechtwinklige Straßenraster von in Süd-Nord-Richtung verlaufenden Avenues und in Ost-West-Richtung verlaufenden Streets vorsah. Dabei wurde aber der Broadway als einzige nicht dem Raster entsprechende Straße ausgebaut und wurde so zu einer Querverbindung, die das Straßenraster Manhattans diagonal durchschneidet. Dadurch entstanden an den Kreuzungspunkten mit den Avenues und Streets an mehreren Stellen spitzwinklig geteilte Blöcke und kleine dreieckige Plätze, darunter an der Kreuzung von 42nd Street, Seventh Avenue, und Broadway der Platz, der später unter dem Namen Times Square bekannt wurde.

Das Bevölkerungswachstum führte seit der Mitte des 19. Jahrhunderts zu mehreren wellenartigen Wanderungsbewegungen des prosperierenden Bürgertums in neu angelegte Quartiere im Norden der Stadt, während die zahlreichen hinzuziehenden Immigranten in die älteren Stadtquartiere zogen. Um die Jahrhundertwende hatte sich so ein Gegensatz zwischen den bürgerlichen Stadtteilen im Nordosten der Insel, mit den Uptown genannten Vierteln nahe des Central Park, und den proletarischen, von Immigranten geprägten Quartieren im Downtown genannten Südwesten der Insel gebildet.

Dieser Gegensatz hat zwar im Laufe des Jahrhunderts einige Veränderungen erfahren, weil das Prestige einiger Stadtteile im Norden, wie z.B. Harlem, dramatisch gesunken ist, während andere Stadtteile im Süden, wie z.b. SoHo, gentrifiziert worden sind. Im Midtown genannten zentralen Bereich aber haben sich diese Gegensätze erhalten, und auch heute treffen hier die unterschiedlichen sozialen Strukturen aufeinander. Das östliche Midtown mit seiner Hauptstraße Fifth Avenue gehört zu den gehobensten Stadtvierteln. Auf der westlichen Seite der Insel befinden sich dagegen das auch als Hell's Kitchen bekannte Stadtviertel Clinton, ein armes Einwandererviertel, und der Garment District. Dieses von einer extrem hohen Bebauungsdichte geprägte Viertel der Bekleidungsindustrie besteht fast durchgängig aus fünfzehn- bis zwanziggeschossigen Industriegebäuden, in denen bis heute vor allem Immigranten bei niedriger Bezahlung Textilien herstellen.

Darüber hinaus entwickelte sich seit 1900 in Midtown das Gebiet rund um den am östlichen Teil der 42nd Street gelegenen Bahnhof Grand Central Station zu einem Geschäftszentrum. Im Laufe der Zeit hat sich hier die Midtown *office cluster* genannte Ballung von Bürogebäuden entwickelt, die in ihrer Bedeutung das historische Zentrum in Downtown weit hinter sich gelassen hat und mit zahlreichen Hochhäusern die weltweit größte Konzentration an hochwertigen Büroflächen bildet.

Auch das Theater- und Vergnügungsviertel verlagerte sich langsam weiter nach Norden, in die Gegend um die Kreuzung zwischen 42nd Street und Broadway. Westlich des Büroviertels gelegen, bildete und bildet dieses Quartier so den Übergang im Spannungsfeld zwischen den gehobenen Wohn- und Geschäftsvierteln des östlichen Midtown und den proletarischen Mietskasernen- und Industriegebieten auf der westlichen Seite.

1904 brach in der 42nd Street eine neue Ära an, als die New York Times, angezogen durch den U-Bahn-Bau, hier ihre neue Zentrale errichtete und zu diesem Anlaß der Times Square seinen Namen erhielt. Das Redaktions- und Verwaltungsgebäude war das erste Hochhaus, das in der nördlichen Hälfte der Stadt, also außerhalb Downtowns, errichtet wurde.

Bereits wenige Jahre vorher war das erste Theater in der nahegelegenen 44th Street eröffnet worden. Nach der Eröffnung der *subway* wurden nun in dem Viertel um die 42nd Street Dutzende von Theatern errichtet, darunter das nach dem Gründungsnamen der Stadt benannte New Amsterdam Theater. Zur gleichen Zeit wurden auch zahlreiche neue Restaurants, Bars, Hotels und Geschäfte eröffnet, und noch vor dem ersten Weltkrieg war der Times Square mit seinem Spitznamen *crossroads of the world* das bedeutendste Vergnügungsviertel der USA und ein Synonym für die amerikanische Großstadtkultur geworden.

Doch das Times Square-Viertel war nicht nur der Ort des großen Entertainmentbusinesses, sondern ist auch das ganze Jahrhundert hindurch immer als der Stadtteil bekannt gewesen, in dem Prostituierte mehr oder weniger offen auf der Straße ihrem Gewerbe nachgingen. Obwohl Prostitution in New York das ganze Jahrhundert hindurch verboten war und, wie fast überall in den USA, auch heute noch ist, war es schon um 1900 ein offenes Geheimnis, daß es rund um den Times Square soviel professionell betriebene, von bestechlichen Polizisten gedeckten Bordelle gab wie sonst nirgendwo in der Stadt.

Darüber hinaus war der Times Square auch immer der Ort der Stadt, an dem noch andere sonst kaum tolerierte Kontakte und Geschäfte in ihrer Nische zustande kommen konnten, wie es für ein großstädtisches Vergnügungsviertel durchaus typisch ist. So dienten bestimmte Orte im Quartier den homosexuellen Männern der Stadt als Treffpunkte, lange bevor sich die Schwulen in den sechziger Jahren in New York ihre Anerkennung erkämpften.

Ebenso hat das Quartier, das in der Nachkriegszeit dafür bekannt wurde, bevorzugter Aufenthaltsort für Straßendealer zu sein, eine lange Tradition als Ort des Konsums illegalisierter Drogen. Gerade in der kommerziellen Blüte der ersten Hälfte des 20. Jahrhunderts, als der Times Square noch bevorzugter Vergnügungsort der weißen Mittelklasse war, war in New York, wie in den gesamten USA, durch die Prohibition von 1917 bis 1933 der Handel und Genuß von Alkohol verboten, so daß das Viertel in diesen Jahren einer der Orte der Stadt wurde, die für ihre illegalen Bars, die sogenannten *speakeasies*, bekannt waren (vgl. Taylor).

Bereits in diesen frühen Jahren gewann der mit unterschiedlich hohen Gebäuden umbaute Platz einen besonderen Reiz durch die vielen Leucht-reklamen, mit denen die Theater und anderen Einrichtungen des Vergnügungsviertels von Anbeginn versuchten, auf sich aufmerksam zu machen. So wurden die elektrischen Werbetafeln schon wenige Jahre nach ihrer Erfindung zum Erkennungszeichen des Viertels.

Dieses äußerliche Merkmal blieb auch in den Nachkriegsjahren bestehen, doch die Suburbanisierungwelle der fünfziger Jahre brachte einen Wandel des Publikums am Times Square mit sich. Mit dem Fortzug vieler der Mittelklasse angehörenden New Yorker aus ihren bisherigen Vierteln in Brooklyn und der Bronx in die neuentstehenden Einfamilienhausgebiete außerhalb der Stadt war deren Weg zum Times Square ungleich weiter geworden. So wurde, als zur gleichen Zeit auch noch das Fernsehen eingeführt wurde, schließlich ein Besuch des Times Square für den größten Teil des bisherigen Stammpublikums zur Ausnahme. Die Folge war, daß binnen weniger Jahre die meisten der Theater, Kinos, Restaurants und Bars am Times Square ihr Geschäft aufgeben mußten. Obwohl einige der Theater am Broadway durch aufwendige Musicalproduktionen ihr Überleben sichern konnten, wurde doch das einst versteckte und verheimlichte Sex-Gewerbe nun zum vorherrschenden Merkmal des Vergnügungsviertels.

Unerwünschte Abwechslung: *Bevor der Disney-Konzern begann, die 42nd Street zu einem familiengerechten Unterhaltungsbereich umzugestalten, war der Times Square einer der vielfältigsten Orte New Yorks und das Rotlichtviertel der Stadt. Im Rahmen der Sanierung wurden aber hunderte kleiner Gewerbe, darunter vor allem Peep-Shows, die einst das Viertel geprägt hatten, vertrieben. Disney hatte die Schließung aller Sexgeschäfte im Umfeld seiner Bauvorhaben verlangt.*

Die Legalisierung des Handels mit pornographischen Erzeugnissen durch den Obersten Gerichtshof in den sechziger Jahren und eine entsprechende liberale Regelung im Bundesstaat New York gaben dem Sex-Gewerbe am Times Square einen weiteren Aufschwung. Mit der neuen juristischen Situation konnten einige der Sex-Gewerbe, in den USA unter der euphemistischen Bezeichnung *adult entertainment* bekannt, nun offen betrieben werden. In den Theatergebäuden der Jahrhundertwende wurden jetzt Pornokinos eingerichtet und eine Vielzahl von Sex-Shops wurde in der Gegend eröffnet.

Mit diesen Veränderungen des Angebots änderte sich auch das Publikum am Times Square und der Platz wurde nun für eine große Zahl von Prostituierten und Drogendealern bekannt, die hier in immer offensichtlicherer Weise ihren Geschäften nachgingen. Außerdem wurde das Viertel mit der dramatisch zunehmenden Zahl von Obdachlosen in New York auch zu einem bevorzugten Aufenthaltsort der *homeless*.

Mit der hohen Konzentration dieser marginalisierten Gruppen ging auch eine steigende Kriminalitätsrate im Quartier einher. Diese statistische

Veränderung war einerseits das Ergebnis einer für europäische Maßstäbe ungewöhnlichen Kriminalisierung der Bevölkerungsgruppen, die sich bevorzugt am Times Square aufhielten. Denn da in New York sowohl Alkoholgenuß auf offener Straße als auch Prostitution als Gesetzesverstöße gelten, darf eine hohe Kriminalitätsrate in einem von Obdachlosigkeit und Sex-Gewerbe geprägten Quartier nicht verwundern. Andererseits trug der am Times Square verbreitete Handel mit harten Drogen durchaus zu einer räumlichen Konzentration von Fällen der Beschaffungskriminalität im Quartier bei. Die Folge war eine nicht unerhebliche, im Vergleich mit den anderen Vierteln Midtowns hohe Zahl von Delikten wie Raubüberfällen und Diebstählen.

Das mit diesen Vorkommnissen und der fehlenden Akzeptanz des Sex-Gewerbes verbundene schlechter werdende Image des Viertels trug dazu bei, daß über Jahrzehnte hinweg der Times Square, trotz seiner zentralen Lage, seines hohen Bekanntheitsgrades und seiner Funktion als nach wie vor beliebtes Touristenziel, nur wenige Investitionen in neue Hotels, Theater oder Bürogebäude verzeichnen konnte. Wenige Blocks weiter im Midtown *office cluster* aber entstand die weltweit größte Konzentration hochwertiger Büroflächen und wurde immer weiter ausgebaut. So blieb der Times Square bis in die achtziger Jahre ein Viertel, das geprägt war von Souvenirshops und Elektroläden, von Sex-Shops und Pornokinos, von Obdachlosen und Straßenpredigern, von Touristen und vorbeieilenden Büroangestellten.

Damit war der Times Square zwar einer der wenigen Plätze in der hochsegregierten Stadt New York, an der die unterschiedlichsten sozialen Gruppen, wenn auch nicht gleichermaßen akzeptiert, so doch zumindest präsent waren. Doch trotz all dieser Vielfalt wurde der Times Square dadurch auch im negativen Sinne bekannt. Der Platz, der ein Symbol für großstädtische Kultur und Abwechslungsreichtum gewesen war, wurde so zu dem Ort, der die sozialen Spannungen und Widersprüchlichkeiten der amerikanischen Städte versinnbildlichte wie kein anderer.

5. Zerstörung eines Vergnügungsviertels

Bürobauboom

Nachdem New York in den siebziger Jahren eine tiefe ökonomische und fiskalische Krise überstehen mußte, an deren Tiefpunkt die Stadt ihre Zahlungsunfähigkeit erklärte, konnten einige Branchen in den achtziger Jahren wieder ein außerordentliches Wachstum verzeichnen. Während sich die Zahl der Industriearbeitsplätze auf niedrigem Niveau einpendelte, wuchs der Dienstleistungssektor rasanter denn je. Gemeinsam mit Tokyo und London entwickelte sich New York sich zu einem der drei wichtigsten Zentren der Reorganisation der weltweit verteilten, aber global integrierten wirtschaftlichen Aktivitäten. In diesen als *global cities* bezeichneten Städten entstand eine ausgesprochen große Zahl neuer Arbeitsplätze im Bereich der produktions- und finanzorientierten Dienstleistungen.

Eine Folge des Wachstums im Dienstleistungssektor war eine rapide steigende Nachfrage nach hochwertigem Büroraum im Zentrum der Stadt. Weil darüber hinaus Investitionen in Bürohausprojekte auch als eine bevorzugte Anlagemöglichkeit für die in diesen Jahren stetig zunehmenden internationalen Kapitalströme galten, kam es zu einem Bürobauboom in bisher unbekanntem Ausmaß. Dutzende neuer Bürohochhäuser, die meisten davon mit über 30 Stockwerken, wurden in Manhattan errichtet. Allein zwischen 1985 und 1989 wurden in Midtown über 1,2 Millionen Quadratmeter und in Downtown über 1,6 Millionen Quadratmeter neue Büroflächen geschaffen.

Aus dieser Entwicklung versuchte nun die Stadtverwaltung Vorteile für die Allgemeinheit zu ziehen. Denn trotz des Booms der Banken und Konzerne in den achtziger Jahren stand es um die Finanzen der Stadt nach wie vor schlecht. Da die Löhne am unteren Ende der Einkommensskala in der gleichen Zeit stagniert hatten, und Armut und Arbeitslosigkeit in den Stadtvierteln der ethnischen Minderheiten weiterhin zunahmen, war der Finanzbedarf der Stadt für technische und soziale Infrastruktur riesig.

Deshalb wurden in den achtziger Jahren einige schon länger existierende Regelungen zur Flächennutzungs- und Bebauungsplanung, in den USA *zoning regulations* genannt, nun modifiziert und verstärkt genutzt. Als eine Art *public-private partnership* wurde dabei im Prinzip das Recht, zusätzliche Geschosse für besonders hohe Bürogebäude mit vielen der exklusiven und gut vermarktbaren oberen Etagen zu errichten dann erteilt, wenn der Bauherr sich zu einer Maßnahme entschloß, die der Öffentlichkeit zugute kam. So wurde zum Beispiel Investoren, die in der Nähe einer U-Bahn Station einen Büroneubau planten, eine 20 % höhere Geschoß-flächenzahl als normalerweise möglich genehmigt, wenn sie die öffentliche Hand mit der Renovierung der U-Bahn-Station entlasteten.

Außerdem wurde es üblich, daß beim Bau neuer Bürohochhäuser in den Erdgeschoßzonen als *plazas* bezeichnete öffentliche, wahlweise als Freiflächen oder als interne Atrien gestaltete Bereiche eingerichtet wurden, die ebenfalls einen Bonus an Geschoßflächenzahl einbrachten. Diese Regelung führte zwar nur zu einem vergleichsweise geringen öffentlichen Nutzen, wurde aber von den Investoren mit Vorliebe genutzt. Denn über eine hochwertige Gestaltung ist es möglich, eine eigentlich öffentliche *plaza* wie einen repräsentativen Eingangsbereich oder eine für die Mittagspausen der Angestellten reservierte Fläche wirken zu lassen, so daß der Marktwert des Gebäudes dadurch eher noch erhöht werden kann (vgl. Wagner).

Das umfassendste Projekt dieser Ära, das den Wandel New Yorks in den achtziger Jahren besonders gut widerspiegelt, war der Battery Park City-Komplex in Downtown Manhattan. Er entstand auf einer neugewonnen Fläche, die Jahre vorher durch Aufschüttungen im Hudson River im Zusammenhang mit dem Bau des World Trade Center entstanden war. Im Bauboom der achtziger Jahre errichtete die kanadische Immobilienfirma Olympia & York das Renommierprojekt rund um den Battery Park. Mit seinem Bürokomplex World Financial Center, den Wohnanlagen für gehobene Ansprüche, den überdachten *plazas*, den Uferpromenaden und den hochwertig ausgestatteten Freiflächen, die vor allem von den Angestellten des naheliegenden Finanzdistrikts genutzt werden, ist es ein gutes Beispiel für die Ergebnisse der *public-private partnership* der achtziger Jahre.

Mit dem selben Anspruch, eine neue hochwertige Büroadresse zu schaffen, wurde zur selben Zeit auch das Times Square/42nd Street Redevelopment-Projekt begonnen. Doch hier ging es nicht nur darum, auf neugewonnenen Flächen eine attraktive Umgebung für die globalen Dienstleister zu schaffen, sondern darum, durch die damit angestrebte Erweiterung des Midtown *office clusters* nach Westen die soziale und wirtschaftliche Struktur des Times Square Quartiers radikal zu verändern.

Aufwertung des Times Square

Zu Beginn der achtziger Jahre war der Times Square nach wie vor ein von kleinen Geschäften, vom Tourismus und dem Sex-Business geprägtes Quartier am westlichen Rand des Midtown *office clusters*. Doch seit 1981 wurde unter dem damaligen Bürgermeister Ed Koch versucht, das Times Square-Quartier zu erneuern. Ziel des Vorhabens war, die bisherige soziale und ökonomische Struktur des Viertels durch die Errichtung von Bürogebäuden zu verändern. Darüber hinaus sah die Stadtverwaltung die Möglichkeit, mit dem Times Square Redevelopment durch *public-private partnership* auch Mittel für die dringend notwendige Renovierung der technischen Infrastruktur am Times Square, vor allem der U-Bahn Station, anziehen zu können.

Außerdem hatte auch die Absicht, den Umnutzungsdruck an der prestigeträchtigen East Side zu verringern, eine Rolle bei der Entscheidung der Stadtverwaltung gespielt. Denn die einflußreichen Bewohner der den Midtown *office cluster* im Osten umgebenden extrem wohlhabenden Stadtviertel hatten sich erfolgreich bei der Stadtverwaltung dafür eingesetzt, mit planerischen Mitteln einer weiteren Ausdehnung des Bürogebietes nach Osten entgegenzuwirken (vgl. Fainstein).

Die New Yorker Stadtverwaltung entschloß sich, für die Durchführung des komplexen und umfassenden Erneuerungsvorhabens am Times Square mit der New York State Urban Development Corporation (UDC) zu kooperieren. Die UDC ist eine Einrichtung im Besitz des Staates New York mit der Aufgabe, größere Planungsvorhaben durchzuführen, die geeignet sind, die ökonomische Entwicklung der Städte im Bundesstaat New York zu forcieren. Zu diesem Zweck ist die UDC mit weitreichenden Kompetenzen ausgestattet worden. So kann die UDC im Streitfalle mit einer Gemeinde sich über die lokalen Planungen hinwegsetzen und hat das Recht, Grundbesitzer zu enteignen. Vor allem dieses für Großprojekte besonders wichtige Privileg war der entscheidende Grund für die Stadt New York, das Stadterneuerungsprojekt am Times Square als ein Gemeinschaftsvorhaben mit der UDC durchzuführen, die schnell federführend wurde.

1981 veröffentlichte die Stadtverwaltung eine Aufforderung an potentielle Investoren, Vorschläge für eine mögliche Neubebauung eines sich über mehrere Blocks erstreckenden Gebietes rund um den Times Square einzureichen. Damit wurde ein in den USA bei Projekten dieser Art übliches Verfahren begonnen, bei dem sich die potentiellen Investoren jeweils mit einem fertigen Entwurf eines Architekten bewerben und dann diejenigen Bewerber den Zuschlag erhalten, deren Konzept die Verwaltung als gleichzeitig ökonomisch vielversprechend *und* gestalterisch gelungen überzeugt. Diese Ausschreibung enthielt bereits von der Stadtverwaltung in Zusammenarbeit mit dem Architekturbüro Cooper Eckstut ausgearbeitete Gestaltungsrichtlinien, die eine abwechslungsreiche, verspielte Architektur vorschlugen, mit unterschiedlich hohen Gebäuden, deren Fassaden verspiegelt und von Neonwerbung überzogen sein sollten, um so das spezifische Aussehen des Times Square zu bewahren.

Das etwa fünf Hektar große Gebiet, auf das sich die Ausschreibung bezog, umfaßte zwei große Blocks entlang der 42nd Street, zwei Abschnitte größerer Blocks und zwei sehr kleine Blocks direkt am Broadway. Damit handelte es sich beim Projektgebiet im Wesentlichen um den Teil des Vergnügungsviertels, der bis dahin die höchste Dichte an sex-orientiertem Gewerbe hatte. Fast alle Grundstücke im Gebiet sollten aufgekauft, die bestehenden Nutzungen vertrieben und die darauf stehenden Gebäude - außer den historischen Theatern - zum Abriß freigegeben werden.

1982 verkündeten die Stadtverwaltung und die UDC, daß der Developer Park Tower Realty für den wichtigsten Teil des Projekts ausgewählt worden war. Die Firma hatte einen Entwurf der Architekten Philip Johnson und John Burgee vorgelegt, die vorschlugen, auf den vier Grundstücken direkt am Times Square vier Bürohochhäuser zu errichten, die bis zu 56 Geschosse haben sollten. Das fünfte und kleinste Grundstück sollte als Freifläche zwischen diesen Wolkenkratzern dienen und das darauf stehende ehemalige New York Times-Gebäude abgerissen werden.

Weiterhin sah das Konzept der Stadtverwaltung und der UDC vor, die historischen Theater im mittleren Teil des Projektgebietes für neue kulturelle Zwecke zu renovieren. Für den westlichen Teil des Projektgebietes an der Ecke Eighth Avenue/42nd Street war ein etwa 30-stöckiges Hotelhochhaus der Firma Planning Innovations vorgesehen. Und südlich davon, direkt gegenüber dem Busbahnhof, wollte eine kalifornische Firma ein als Wholesale Trade Mart bezeichnetes Handelszentrum errichten.

Die Stadtverwaltung und die UDC hatten den Developern der Bürotürme gestattet, in einer Dichte zu bauen, die weit über der sonst in Midtown genehmigten lag. Als Gegenleistung für dieses profitable Zugeständnis war ausgehandelt worden, daß die Developer sich an den Kosten für die Erneuerung der öffentlichen Infrastruktur im Gebiet sowie für die Erhaltung der historischen Theater beteiligen sollten. Zur Finanzierung des Projekts gründete Park Tower Realty mit dem Versicherungskonzern Prudential eine gemeinsame Tochterfirma, die Times Square Center Associates (TCSA). Die TSCA erklärte sich bereit, 33 Millionen Dollar für die Renovierung der U-Bahn-Station am Times Square und 11 Millionen Dollar für die Renovierung der Theater bereitzustellen.

Im Gegenzug wurde der Firma zugesagt, daß sie ihr Büroprojekt in der außerordentlichen Dichte bauen dürfe und daß die UDC ihr Recht, Grundstücksbesitzer zu enteignen dafür nutzen würde, die Flächen für die Developer zusammenzukaufen und an diese weiterzureichen. Darüber hinaus vereinbarte die Stadtverwaltung mit den Developern, daß für die am Times Square zu errichtenden Gebäude die normalerweise üblichen Steuern massiv reduziert würden - über fünfzehn Jahre hinweg hätte die Stadt so auf Steuereinnahmen von bis zu 650 Millionen Dollar verzichtet. Damit wurde ein erheblicher Teil der erhofften zusätzlichen Steuereinnahmen durch das Times Square Projekt aufgegeben. Die Tatsache, daß derartige Zugeständnisse gemacht wurden zeigt aber, wie groß die Erwartungen und der Wunsch nach Umgestaltung des Times Square bei der Stadtverwaltung waren.

In den folgenden Jahren ergaben sich zunehmend Schwierigkeiten für das Projekt. 1984 wurde der Öffentlichkeit ein nach dem New Yorker Planungsrecht für Projekte dieser Art notwendiges Umwelt-Gutachten, die sogenannte Environmental Impact Study, vorgestellt, in der Ausmaße und Auswirkungen des Projektes auf über 1000 Seiten detailliert dargestellt wurden. Daraufhin kam es zu einer Welle der Kritik und des Widerstandes, die mit einer Vielzahl von Klagen gegen das Vorhaben verbunden war. Vor allem Betroffene im Projektgebiet, die sich um die Zukunft ihrer Wohnung oder ihres Gewerbes sorgten, beschritten den Rechtsweg, aber auch eine Vielzahl von Grundstücksbesitzern, die mit einer Klage vor allem bezweckten, die zu erwartende Entschädigungszahlung durch die UDC noch in die Höhe treiben zu können (vgl. Fainstein).

44

Ein weiteres Hindernis für das Vorhaben war der Widerstand, der sich in dem unmittelbar westlich des Projektgebietes gelegenen Stadtteil Clinton/Hell's Kitchen regte. Das Viertel ist einer der wenigen Stadtteile in Manhattan, die als einkommenschwaches Quartier gelten, ohne von ethnischer Segregation oder großen sozialen Konflikten geprägt zu sein. Diese Eigenschaft, seine historische Bausubstanz und die zentrale Lage ließen und lassen eine erhebliche Aufwertung des Prestiges des Stadtteils und eine daraus resultierende Verdrängung der ansässigen Bevölkerung durchaus möglich erscheinen. Aus Sorge davor, daß eben solche Gentrification-Prozesse durch das Times Square-Projekt gefördert werden könnten, setzten sich Bevölkerung und Lokalpolitiker des Viertels gegen das Vorhaben ein. Erst nachdem ihnen 25 Millionen Dollar aus Mitteln der Stadt und des Staates New York zum Bau von Wohnungen für Empfänger niedriger Einkommen und für neue Sozialeinrichtungen im Stadtteil zugesagt worden waren, erklärten sie ihre Zustimmung zum Projekt.

Darüber hinaus führte auch die geplante Gestaltung zu erheblicher Kritik in der Lokalpresse und in der Fachwelt. Johnson und Burgees Bürotürme wurden nicht nur als klobig kritisiert, sondern auch weil sie mit ihren Fassaden nicht den ursprünglich von Cooper Eckstut und der Stadtverwaltung auferlegten Gestaltungsrichtlinien entsprachen, die ein dem typischen Bild des Times Square nahekommendes Design verlangten. Johnson und Burgee sahen sich schließlich gezwungen, die Fassadengestaltung ihres Entwurfes zu ändern, und an die Stelle einer streng gegliederten Natursteinverkleidung trat eine unregelmäßige, vielfarbige Glasfassade mit integrierten Neonlichtern - doch die äußeren Abmessungen der Gebäude und das Nutzungskonzept blieben bestehen.

Außerdem hatte es erhebliche Kritik an dem Plan gegeben, das erste New York Times-Gebäude von 1904 abzureißen. Schon 1913 hatte der Verlag ein größeres Gebäude einen Block weiter erreicht. Doch der Altbau galt, trotz eines entstellenden Umbaus in den sechziger Jahren, mit seinem Nachrichtenleuchtband als eine der Sehenswürdigkeiten der Stadt. Auch hier gaben die Developer schließlich nach und planten einen Erhalt des Gebäudes.

Doch Kritik, Widerstand und vor allem Rechtsstreitigkeiten hatten unterdessen zu einer erheblichen Verzögerung des Projektes geführt. Erst 1990 gelang es der UDC, die ersten Grundstücke im Gebiet zu erwerben und zu räumen. Doch zu diesem Zeitpunkt hatte das Interesse der Developer, die Bürotürme zu errichten, bereits stark nachgelassen. Die vorgesehenen Mieter hatten ihre Zusagen 1989 zurückgezogen, da sie nicht noch länger auf eine Fertigstellung der Büros warten konnten. Außerdem hatte der Bauboom der vergangenen Jahre zu einem Überangebot von Büroflächen geführt, das Anfang der neunziger Jahre das erste mal massiv spürbar war, so daß die Realisierung des Projektes immer unwahrscheinlicher wurde.

Verdrängung des Lasterhaften

Das Times Square/42nd Street Redevelopment Project war von Anfang an darauf ausgelegt, die soziale Struktur des Quartiers zu verändern. Vor allem die beteiligten staatlichen Institutionen ergriffen die dazu notwendigen Maßnahmen. Von 1990 bis 1992 enteignete die UDC - bei Entschädigungszahlungen, die dem Marktwert der Immobilien entsprachen - die meisten der Hausbesitzer im Projektgebiet, und kündigte den Mietern. Dabei handelte es sich neben einigen Bewohnern des Quartiers um 240 kleinere Gewerbe wie Souvenirshops, Elektrogeschäfte und Second-Hand-Läden, vor allem aber auch Sex-Shops und Peep Shows.

Auch wenn einige der dadurch vertriebenen Gewerbe einfach in die naheliegenden Straßen des Quartiers, knapp außerhalb des Projektgebietes, umgezogen sind, so ist der Wandel des Times Square Quartiers in ein Sexgewerbe-freies Viertel damit doch erheblich vorangetrieben worden. Dies gilt vor allem, da sich vorher in der 42nd Street der Kern des Vergnügungsviertels mit einer Konzentration von Sex-Shops und -kinos, wie sie sonst nirgendwo im Quartier oder der Stadt zu finden war, befunden hatte.

Neben diesen massiven Interventionen staatlicher Einrichtungen hat seit den achtziger Jahren eine private Organisation erheblich zum sozialen Wandel des Quartiers beigetragen: Der Times Square *business improvement district* (BID). Von solchen BIDs gibt es 26 in New York, wobei es sich um private Unternehmen handelt, die sich in *public-private partnership* darum bemühen, die Attraktivität des jeweiligen Geschäftsviertels durch zusätzliche Dienstleistungen zu erhöhen und so zur Verbesserung der wirtschaftlichen Situation des Quartiers beitragen sollen. Die BIDs werden durch Pflichtbeiträge aller Geschäftsleute und Grundbesitzer im Gebiet finanziert. Dabei werden sie von der Stadt organisatorisch unterstützt, indem die Verwaltung die Pflichtbeiträge der Geschäftsleute, die sich nach dem Grundsteueraufkommen der Unternehmen richten, für die BIDs eintreibt und an diese weiterreicht.

Der Times Square BID ist einer der größten *business improvement districts* der Stadt. Neben dem eigentlichen Vergnügungsviertel umfaßt er auch den westlichsten Teil des Midtown *office cluster*. Gegründet auf Initiative des Herausgebers der New York Times, Arthur Ochs Sulzberger, und finanziert von den ortsansässigen Konzernzentralen, Hotels und Ladenbesitzern, versucht der Times Square BID vor allem, die Attraktivität des Quartiers für Büroangestellte, Touristen und Einzelhandelskunden zu erhöhen (vgl. Schweitzer).

Zu diesem Zweck werden nicht genehme Personen im öffentlichen Raum intensiv kontrolliert. So bezahlt der Times Square BID private Sicherheitskräfte, die Tag und Nacht das Viertel patrouillieren und danach

46

Ausschau halten, ob sich im Gebiet Personen aufhalten, die sich solcher Vergehen wie Drogenkonsum, Hütchenpiele, Theaterkarten-Schwarzhandel, Taschendiebstahl oder dem Verkauf gefälschter T-Shirts schuldig machen. Können sie solche Vergehen beobachten, informieren sie die lokale Polizeistation, mit der sie ständig per Funk verbunden sind. Die Beschuldigten können dann von den Beamten, die zum Tatort kommen, dingfest gemacht werden (vgl. Dykstra).

Darüber hinaus versucht der Times Square BID, das Image des Quartiers durch verstärkte Reinigungsmaßnahmen zu verbessern. So werden von Angestellten des BID die Bürgersteige im Quartier gefegt und geschrubbt, die Straßenmöblierung gestrichen und Graffiti von den Wänden entfernt. Und im Rahmen einer Operation Shutterbug genannten Aktion patrouillieren nachts mit Jeep und Kamera ausgestattete Sicherheitskräfte und kontrollieren, ob irgendwo an einem heruntergelassenen Rolladen uriniert wird.

Die wichtigste, ebenfalls unter wesentlicher Beteiligung des Times Square BID entstandene Maßnahme zur Kontrolle des Quartiers aber ist der sogenannte Midtown Community Court. Bei diesem beispiellosen Projekt handelt es sich um ein durch *public-private partnership* entstandenes und mit dem BID zusammenarbeitendes spezielles Gericht, dessen ausschließliche Aufgabe es ist, sich um Bagatelldelikte im Times Square-Viertel zu kümmern.

Während bis dahin üblicherweise im Quartier Festgenommene, wie fast alle in der Stadt Verhafteten, zu einem zentralen Gerichtsgebäude in Downtown gebracht und dort der Rechtsprechung zugeführt wurden, kann seit einigen Jahren im Midtown Community Court mit den Tätern gleich vor Ort kurzer Prozeß gemacht werden. In öffentlichen Veranstaltungen werden dort die Delinquenten, zum größten Teil Prostituierte, Taschendiebe, Straßenverkäufer und Drogenabhängige, von einem Richter verurteilt, wobei das Urteil in den meisten Fällen „Gemeinschaftsdienste" sind, wie beispielsweise, daß der Verurteilte vom Times Square BID mit einem Besen ausgestattet wird und im Quartier die Bürgersteige fegen muß (vgl. Zukin 1995).

Obwohl sich die BIDs in Manhattan damit brüsten, ihre Aktivitäten würden auch den Obdachlosen zugute kommen, denen sie Arbeit als Straßenfeger oder Mülleinsammler anbieten, sind sie von Bürgerrechtsgruppen dafür kritisiert worden, die Obdachlosen schlecht zu behandeln und sie zu unterbezahlten Jobs zu zwingen. Ganz offensichtlich ist dabei das Ziel der BIDs immer die Umgestaltung des öffentlichen Raumes für die Zwecke ihrer Sponsoren, der lokalen Geschäftsleute. Deshalb können die Aktivitäten eines BIDs nur zu einer konsumorientierten Organisation des öffentlichen Raumes führen, die mit einer Ausschließung aller nichtkonformen Personen einhergeht.

Null Toleranz: *Polizei und lokale Geschäftsleute kontrollieren und säubern den neuen Times Square. Verurteilte Kleinkriminelle müssen dabei Dienst mit dem Besen leisten.*

Dieses Ziel ist von den beteiligten offiziellen Stellen und privaten Geschäftsleuten am Times Square mit einem beispiellosen Akt von *public-private partnership* erreicht worden. Mit der Vertreibung der Sexshops im Zuge des 42nd Street Redevelopment brachten die Stadtverwaltung und die UDC die soziale Restrukturierung des Quartiers in Gang. Dieser Prozeß wurde gleichzeitig von den privaten Sicherheitskräften des Times Square BID unterstützt. Und schließlich wurde es mit der Einführung eines von Geschäftsleuten unterstützten außerordentlichen Gerichtes sogar möglich, die Rechtsprechung in *public-private partnership* durchzuführen und dadurch den am Times Square von den Gewerbetreibenden unerwünschten Personen deutlich zu machen, daß sie sich nicht mehr hier aufhalten sollten.

6. Disney erobert den Broadway

Medienmetropole

Trotz der erfolgten Verdrängung der bisherigen Nutzer des Times Square Quartiers wurde zu Beginn der neunziger Jahre zunehmend deutlich, daß das Projekt in der ursprünglich geplanten Form nicht realisierbar war. Das Konzept der Stadtverwaltung und der UDC, die Umgestaltung des Times Square vor allem durch ein großzügig bemessenes Bürohochhausvorhaben voranbringen zu wollen, erwies sich jetzt als Bumerang. Denn mit den sich wandelnden ökonomischen Bedingungen in den neunziger Jahren zeigte sich, daß die Nachfrage nach Büroflächen in New York auf absehbare Zeit sehr schwach bleiben dürfte.

Das extreme Wachstum der produktions- und finanzorientierten Dienstleistungen, das die *global city* New York in den achtziger Jahren ausgezeichnet hatte, ging nun dramatisch zurück. Die Deregulierungs- und Privatisierungswelle der Reagan-Ära war vorbei, und der spekulativ überhitzte Kapitalmarkt brach beim Börsencrash 1987 zusammen und erholte sich nur langsam. Dementsprechend veränderte sich auch der Arbeitsmarkt. Nachdem der Börsencrash bereits zum Verlust von 100.000 Jobs in der New Yorker Finanzindustrie geführt hatte, pendelte sich die Zahl der Arbeitsplätze in diesen Branchen nun auch auf einem im Vergleich zu den frühen achtziger Jahren niedrigen Niveau ein.

Diese Veränderungen machten sich auf dem Immobiliensektor besonders bemerkbar. Im Bauboom der achtziger Jahre sind so viele neue hochwertige Büroflächen geschaffen worden, daß es seither so gut wie keinen Bedarf für weitere neue Bürogebäude gibt. Darüber hinaus wird die

Nachfrage auf absehbare Zeit wohl kaum wieder stark ansteigen. Denn wie in den meisten amerikanischen Großstadtregionen sind auch im Großraum New York in den vergangenen Jahren außerhalb der Stadtgrenzen, an über die *highways* besonders gut erreichbaren Punkten sogenannte *edge cities* entstanden. Von den über zwanzig suburbanen Bürozentren im Großraum New York liegen viele in den benachbarten Bundesstaaten New Jersey und Connecticut. Diese neuen *metro cores* sind in den Boomjahren viel stärker gewachsen als die traditionellen *central business districts* in Downtown und Midtown Manhattan. Während 1980 noch 85 % der gesamten Büroflächen der Region New York in Manhattan lagen, waren es 1990 nur noch 56 %. Dieses starke Wachstum ist vor allem darauf zurückzuführen, daß in die *edge cities* nicht mehr nur die nachrangigen Funktionen der Unternehmen verlagert werden, sondern auch die Konzernzentralen der global agierenden Finanzdienstleistungsfirmen.

Da viele der Unternehmen in Manhattan einen Umzug in die Vororte erwogen haben, waren sie in der Lage, von der Stadtverwaltung, dafür daß sie von diesen Plänen Abstand nehmen und die Arbeitsplätze in der Stadt belassen, Steuerreduzierungen in Millionenhöhe auszuhandeln. So ist die Stadtverwaltung von New York gezwungen, Steuergeschenke an die größten Banken und Finanzkonzerne des Landes zu verteilen, während gleichzeitig die Ausgaben im städtischen Wohlfahrts- und Gesundheitsbereich aufgrund der niedrigeren Steuereinnahmen gekürzt werden müssen.

Unter diesen Umständen erscheint auch eine Erholung des New Yorker Büromarktes auf absehbare Zeit unwahrscheinlich. Gleichzeitig nimmt aber der Büroflächenleerstand immer größere Ausmaße an. Während in Midtown etwa 10 % der Büroflächen nicht genutzt werden, sind es in Downtown, rund um das von den wirtschaftlichen Veränderungen der letzten Jahre besonders betroffene Finanzzentrum Wall Street, sogar über 20 %. Teilweise stehen dort ganze Wolkenkratzer leer. Vor allem die älteren Bürohochhäuser aus der ersten Hälfte des 20. Jahrhunderts, von denen es in Downtown besonders viele gibt, haben wenig oder keine Aussicht auf Wiedervermietung. Denn diese Gebäude sind nur schwer an die heutigen Anforderungen wie Ausstattung mit moderner Telekommunikationsinfrastruktur oder flexible Büroraumgestaltung anzupassen.

Um zu verhindern, daß diese Situation zu einem Dominoeffekt führt und daß schließlich, wie z.B. in Detroit geschehen, der gesamte alte *office cluster* völlig aufgegeben wird, subventioniert die New Yorker Verwaltung mit Millionenbeträgen in Downtown den Umbau von Büroflächen zu Wohnungen. Auch hier kommen die staatlichen Hilfen wieder den ohnehin Privilegierten zugute, denn die Wohnungen, die auf diese Weise in den elegant renovierten Prachtbauten aus den zwanziger und dreißiger Jahren an der Wall Street entstehen, werden vor allem als Luxusapartments gestaltet und vermarktet (vgl. Shane).

Angesichts der komplizierten Situation der New Yorker Wirtschaft ist es um so bedeutender für die Stadt, daß sie als einer der weltweit wichtigsten Standorte der Medienindustrie und mit einem boomenden Tourismussektor in zwei der weltweit sich am dynamischsten entwickelnden Branchen eine besondere Rolle einnimmt und außergewöhnlich hohe Wachstumsraten verzeichnen kann.

Mit der Internationalisierung und dem Wachstum der Unterhaltungs- und Informationsindustrie haben sich die Zentralen der Medienfirmen zu einem der wichtigsten Bereiche der New Yorker Wirtschaft entwickelt. Aber auch die Produktionsabteilungen der Unterhaltungskonzerne haben sich vergrößert. Film- und Fernsehproduktion ist heute in New York eine boomende Branche - in den neunziger Jahren wurden hier jedes Jahr über 200 Spielfilme gedreht. Dementsprechend ist die Nachfrage nach Film- und Fernsehstudios, vor allem in Manhattan, in den vergangenen Jahren ständig gestiegen.

Auch im Bereich der neuen Medien ist New York zu einem der wichtigsten Standorte geworden, der in seiner Bedeutung höchstens noch vom kalifornischen Silicon Valley übertroffen wird. Über 1500 kleine und kleinste, aber hochinnovative Unternehmen entwickeln in Manhattan, und dort vor allem im Silicon Alley getauften Bereich rund um die 23rd Street, ihre Produkte für einen der weltweit am schnellsten wachsenden Märkte.

Ebenso bedeutend für die Stadt ist ihre ungeheure Attraktivität als Reiseziel. Nicht zuletzt durch die ständige weltweite Präsenz der Stadt in den Medien zieht es immer mehr Touristen hierher. Jedes Jahr kommen über 25 Millionen Besucher nach New York - mit steigender Tendenz. Auf diese Weise entstand ein riesiger Tourismussektor in der Stadt, der jährlich über zwölf Milliarden Dollar umsetzt.

Angesichts dieser veränderten wirtschaftlichen Rahmenbedingungen in den neunziger Jahren wendeten sich die Stadtverwaltung und die UDC nun von ihrer ursprünglichen Idee, die 42nd Street vor allem als Bürostandort zu entwickeln, ab. Statt dessen wurde eine neue Lösung erkennbar, die der gewachsenen Bedeutung der Medienindustrie und des Tourismussektors Rechnung trug.

Entertainmentprojekt

Das Jahr 1992 markierte einen Wendepunkt für das Times Square/42nd Street Redevelopment Project. Die Stadtverwaltung und die UDC erkannten, daß die TSCA in absehbarer Zeit nicht in der Lage sein würde, die geplanten Bürotürme zu errichten. Denn einerseits war die Situation auf dem Büromarkt unverändert schlecht und andererseits waren im Times Square-Viertel, außerhalb des eigentlichen Projektgebietes, aber in dessen unmittelbarer Nähe, in Erwartung des Prestigegewinns des Quartiers durch das Großprojekt bereits 13 neue Bürohochhäuser errichtet worden, so daß weitere Büros im Gebiet kaum noch vermarktet werden konnten.

Darum wurde den Developern nun zugestanden, mit dem Baubeginn zu warten, bis sich die Marktbedingungen wieder verbessert hätten, und sie wurden von der Verpflichtung entbunden, die U-Bahn Station am Times Square zu renovieren. Für die längst überfällige Erneuerung der *subway* wollte die Stadtverwaltung nun selbst aufkommen. Damit war einer der wesentlichen erhofften Vorteile des Projektes für die öffentliche Hand zunichte gemacht worden.

Da eine baldige Realisierung des Projektes ungewiß worden war, sprangen nun auch die potentiellen Investoren für das Mart-Projekt und das Hotel an der Eighth Avenue ab. Die UDC hatte aber seit 1990 bereits fast das gesamte Projektgebiet räumen lassen, und entlang der 42nd Street standen nun mehrere Blocks in einer der zentralsten Lagen der Stadt leer und verbreiteten eine Atmosphäre wie in einer Art Geisterstadt. Angesichts der ungenauen Vereinbarung, die Developer könnten warten, bis die Marktverhältnisse sich ändern würden, drohte diese Situation in der 42nd Street noch auf Jahre hin weiter bestehen zu bleiben.

Um dieses Problem zu überwinden, handelte die UDC 1992 mit der TSCA aus, daß das Unternehmen 20 Millionen Dollar für die Renovierung der leerstehenden Gebäude für provisorische Nutzungen bereitstellen würde. Für die Ausarbeitung des gestalterischen Konzeptes für die Interimsnutzungen trat die UDC mit dem Architekten Robert A.M. Stern zusammen. Stern ist ein in New York ansässiger Architekt, der für seinen mal eher zum akribisch historisierenden „Klassizismus", mal eher farbenfrohen und zum Kitsch neigenden „postmodernen Stil" bekannt ist. Darüber hinaus hat sich Stern als langjähriger Professor an der New Yorker Columbia University, jetzt Dekan der Architekturfakultät in Yale, und als Autor vieler Veröffentlichungen zur Baugeschichte New Yorks als Fachmann für die Architektur der Metropole am Hudson profiliert.

Gleichzeitig ist Sterns Arbeit aber auch seit Jahren eng mit den Aktivitäten des Disney-Konzerns verbunden, vor allem seitdem 1984 Michael Eisner Chef des Konzerns wurde, mit dem Stern eine enge Freundschaft pflegt. Dementsprechend hat Stern seit den achtziger Jahren bereits mehrere bedeutende Gebäude für die Walt Disney Company entworfen. Unter seinen bisherigen Projekten für Disney befinden sich beispielsweise das Casting genannte Gebäude der Personalabteilung des Konzerns nahe Orlando und das Feature Animation Building (in dem Disneys Zeichentrickfilme produziert werden) im kalifornischen Burbank, deren hervorstechenden Gestaltungselemente Vielfarbigkeit, ironisch-historisierende Zitate und Bezugnahmen auf Motive aus „klassischen" Disney-Filmen der vierziger und fünfziger Jahre sind.

Die anderen von Stern für den Disney-Konzern geplanten Gebäude sind dagegen einer etwas ernsthafteren, aber dafür um so konsequenter historisierenden Gestaltung verpflichtet. So entwarf Stern drei Hotels für das Disney-Gelände in Orlando als Variationen auf das Thema „Badeorte und Hotels der 19. Jahrhunderts". Ganz ähnliche Ideen setzte Stern um, als er für den Eurodisney-Komplex bei Paris den Newport Bay Club und das Cheyenne Hotel entwarf und dabei klassische amerikanische Urlaubsmotive verarbeitete.

Diese Verbundenheit zwischen Stern und dem Disney-Konzern wurde 1992 noch verstärkt, denn seitdem ist er auch Mitglied des Aufsichtsrats der Walt Disney Company. Damit wurde der Architekt also in dem Jahr zum Disney-Manager, in dem er mit der Ausarbeitung des neuen Planes für den Times Square begann. Deshalb ist es nicht verwunderlich, daß Stern von Anfang an beabsichtigte, mit dem neuen Plan dem Times Square Redevelopment eine ganz neue Richtung zu geben: Mit dem Interimsplan wollte er nicht nur ein Gestaltungskonzept für die provisorischen Nutzungen vorlegen, sondern die weitere Entwicklung des Projektes auf eine Weise beeinflussen, die einen Schlußstrich unter das ursprüngliche Bürobauvorhaben setzen und statt dessen Entertainment- und Tourismus-Nutzungen zum Hauptinhalt des Projektes machen würde.

Im September 1993 veröffentlichte die UDC ein von Sterns Büro entworfenes Nutzungs- und Gestaltungskonzept mit dem Titel *42nd Street Now!*. Die Erläuterungen zu diesem Plan nahmen ausdrücklich Bezug auf die Vergangenheit des Quartiers als bedeutendstes Zentrum kommerzieller Unterhaltung und auf seinen Symbolgehalt als Sinnbild des amerikanischen Unternehmergeistes, wie ihn die Broadway-Produzenten verkörpern würden, und leiteten daraus das Potential ab, daß das Quartier nach wie vor als Anziehungspunkt für Touristen und für die Unterhaltungsbranche habe (vgl. Urban Development Corporation).

Dieser Vorstellung über Vergangenheit und Zukunft des Times Square entsprechend war auch das neue Nutzungskonzept ausgelegt. Es sah vor, auf Kosten der Developer dort wo bereits Baulücken klafften provisorische Gebäude zu errichten. Gleichzeitig sollten die Erdgeschoßbereiche der leerstehenden Häuser auf den Grundstücken, auf denen ursprünglich die Bürotürme errichtet werden sollten, auf Kosten der Developer für neue Nutzungen renoviert werden.

Vorgeschlagen wurden zum Beispiel Souvenirläden mit typisch amerikanischen Waren, besonders große, als *tourist super stores* bezeichnete Geschäfte, ebenso wie Musik und Video-Läden, Wechselstuben sowie diverse Restaurants und Cafés, deren Kunden vor allem am Times Square umsteigende Pendler und Touristen sein sollten. Im mittleren Bereich des Projektgebietes sollten die alten Theater nun endlich renoviert und neuen Nutzungen zugeführt werden. Und im östlichen Bereich an der Eighth

Avenue sollte, ähnlich wie schon vorher geplant, ein Hotel errichtet werden, während für den Standort, an dem einst der *mart* geplant war, nun ebenfalls touristische Nutzungen vorgeschlagen wurden.

Gleichzeitig sah Sterns *42nd Street Now!*-Plan eine neue *design strategy* für das Projektgebiet vor. Die äußerlichen Merkmale, die den Times Square seit Beginn des Jahrhunderts ausgezeichnet hatten, mit dem Nebeneinander sehr hoher und sehr niedriger Gebäude und mit den großflächigen Leuchtreklamen, sollten besonders betont werden. Darum sollten die neu zu errichtenden Gebäude unterschiedlich hohe Fassadenelemente bekommen, möglichst bunt, durcheinander und lebendig wirken, und vor allem mit viel Neonwerbung ausgestattet werden. Auch die zu renovierenden Gebäude und die zu errichtenden provisorischen Gebäude sollten riesige Neonwerbetafeln bekommen, damit möglichst schnell bei den Besuchern des Times Square wieder der Eindruck eines lebendigen Quartiers erweckt würde.

Nachdem das Disney-Aufsichtsratsmitglied Stern mit seinem Konzept die tourismus- und entertainment-orientierte Umgestaltung des Times Square/42nd Street-Gebietes eingefädelt hatte, zeigte 1994 die Walt Disney Company, die zu diesem Zeitpunkt bereits mit dem Musical *The Beauty and the Beast* ihre Chancen am Broadway getestet hatte und erfolgreich gewesen war, Interesse an einer Investition in der 42nd Street. Nach langen, zähen Verhandlungen, in denen die Disney-Manager sich als geschickte Taktierer erwiesen, wurde schließlich zwischen ihnen und der UDC vereinbart, daß die Walt Disney Company das historische New Amsterdam Theater denkmalgerecht renovieren und für eigene Musicalproduktionen verwenden würde.

Disney verlangte allerdings einen zinsgünstigen Kredit von Stadt und Staat New York in Höhe von 26 Millionen Dollar (so daß der Unterhaltungskonzern nur 8 Millionen Dollar von seinem eigenen Kapital zu investieren brauchte) sowie, daß es der UDC gelingen müsse, noch zwei weitere Investoren für das Projektgebiet zu finden. Mit dem renommierten Disney-Konzern als möglichem Bauherrn war es aber für die UDC ein Leichtes, in den folgenden Monaten zwei weitere Firmen zu finden, die an der 42nd Street Unterhaltungsprojekte bauen wollten: der Developer Forest City Ratner, der ein Entertainment-Center auf der Südseite der Straße errichtete und die kanadische Firma LivEnt, die ein großes Musicaltheater auf der Nordseite der 42nd Street renovierte. Damit kann Disneys Entscheidung, das New Amsterdam zu übernehmen als der Durchbruch für die Umgestaltung des Times Square zu einem neuen Zentrum des Tourismus und der Unterhaltungsindustrie gelten.

Darüber hinaus wurde 1995 das Victory Theater an der 42nd Street wiedereröffnet. Den Jahrhundertwende-Prachtbau, der in den sechziger Jahren zum ersten Pornokino am Times Square wurde, hat die UDC mit über neun Millionen Dollar, die die Bürohaus-Developer einst für die öffentlichen Maßnahmen bereitgestellt hatten, renoviert. Das Haus wird nun Nachwuchsschauspielern zur Verfügung gestellt, die ihn als *young person's theater* nutzen.

Auch im westlichen Bereich des Projektgebietes kam das Vorhaben kurze Zeit später einen entscheidenden Schritt weiter, nachdem die UDC und die Stadtverwaltung 1995 einen Wettbewerb für das Hotelgrundstück an der Eighth Avenue ausschrieben. Gewinner des Wettbewerbs war ein Konsortium aus der Disney Development Company als Verantwortlicher für die Planung des Unterhaltungsteils und der Tishman Urban Development Corporation als Developer mit einem Entwurf des Büros Arquitectonica. Dabei schien die Architektur bei der Entscheidung nur eine untergeordnete Rolle gespielt zu haben. Wichtiger war wohl die Tatsache, daß dieses Konsortium am besten in der Lage zu sein schien, einen innerstädtischen Vergnügungskomplex für Touristen erfolgreich zu vermarkten (vgl. Merkel).

Das 300 Millionen-Dollar-Projekt besteht aus einem 47-geschossigen Hotelhochhaus an der 43rd Street und einem etwa 10.000 Quadratmeter großen Unterhaltungs- und Einzelhandelskomplex im flacheren Abschnitt entlang der Eighth Avenue. Dieser Gebäudeteil wird eine Fassade bekommen, die mit einzelnen unterschiedlich hohen Segmenten wirkt, als würde es sich um mehrere Bauten handeln, obwohl der Unterhaltungs-komplex als ein durchgehendes Gebäude geplant ist. Außerdem soll das Haus, wie alle Neubauten im Projektgebiet des 42nd Street Redevelopment, großflächig mit Neonwerbung ausgestattet werden. Als erster Teil des Komplexes wurde zunächst ein Multiplex-Kino mit 3.500 Plätzen der zum Sony-Konzern gehörenden Kinokette Loews gebaut.

Im Laufe des Jahres 1996 wurden die ersten der provisorischen neuen Geschäfte und Restaurants auf den einst für die Bürotürme geräumten Flächen eröffnet, darunter auch ein Interimsgebäude mit einem riesigen Disney Store, der mit großen Werbetafeln für verschiedene vom Unterhaltungskonzern produzierte Filme und Fernsehsendungen Disneys Präsenz am Times Square überdeutlich macht. In Erfüllung des Vorschlags von Robert A.M. Stern, der sich für diesen Ort einen *tourist superstore* und ein Souvenirgeschäft mit typisch amerikanischen Waren vorgestellt hatte, verkauft der Unterhaltungskonzern in seinem Disney Store den New York-Touristen hier neben Souvenirs vor allem Videos, Cassetten und CDs aus eigener Produktion, ebenso wie *merchandising*-Produkte, also einfache Konsumgüter, die mit Disney-Figuren verziert sind.

Damit ist, nachdem das Disney-Aufsichtsratsmitglied Robert A.M. Stern das Nutzungs- und Gestaltungskonzept für die unterhaltungsorientierte Erneuerung des Times Square ausgearbeitet hat, der Disney-Konzern in allen drei Teilbereichen des Projektes der wichtigste Investor geworden. Bei der Renovierung der historischen Theater in der 42nd Street mit dem New

Amsterdam Theater, beim Neubau von Unterhaltungszentren im westlichen Teilbereich mit dem Hotel- und Vergnügungskomplex an der Eighth Avenue und bei den provisorischen Geschäftsnutzungen im östlichen Teilbereich mit dem großen Interimsbau für den Disney Store. Dabei stellte die Entscheidung des Konzerns, das New Amsterdam Theater für eigene Musicalzwecke zu nutzen nicht nur einen Teilerfolg dar, sondern bedeutete sogar den Durchbruch für die Realisierung eines Projektes, dessen Planung sich über fünfzehn Jahre hingezogen hat und mit dem nun ein Stadtteil erneuert wird, der wie kein anderer Ort in den USA die amerikanische Großstadtkultur symbolisiert.

Als die Walt Disney Company im Sommer 1997 ihr New Amsterdam Theater in der 42nd Street eröffnete, feierte sie dies gleich mit zwei werbewirksamen Veranstaltungen. Zunächst wurde im prachtvoll restaurierten Theater ein großer Ball für die Stadtprominenz gegeben, und wenige Wochen später wurde mit einer Großveranstaltung für alle Bürger der Stadt die Ankunft des Disney-Konzerns in New York effektvoll in Szene gesetzt.

Zwei Jahre vorher war die Premiere des Zeichentrickfilms *Pocahontas* als Open-Air-Veranstaltung im Central Park vor über 100.000 Zuschauern ein großer Erfolg für das Disney-Marketing gewesen, weil nicht nur der Film eindrücklich beworben wurde, sondern gleichzeitig auch das Image des Konzerns in New York City verbessert werden konnte. Um den Erfolg der damaligen Aktion diesmal noch zu übertreffen, entschloß man sich nun zu einer noch umfassenderen Maßnahme.

Anläßlich der Premiere des Disney-Zeichentrickfilms *Hercules* im New Amsterdam Theater am 15. Juni 1997 wurde von der Tochterfirma Disney Entertainment Productions eine Parade durch Midtown Manhattan veranstaltet, bei dem in einer Samstagnacht Umzugswagen mit Figuren wie Hercules und Micky Maus durch Midtown Manhattan fuhren und eine Show boten, wie es sie in der Stadt selten zuvor zu sehen gab. Der Umzug der Comicfigur wurde ein Spektakel, wie es bisher in New York nur bei Paraden an nationalen Feiertagen oder zu Ehren von Astronauten, Präsidenten oder dem Papst üblich war. Die Hauptstraßen der Stadt wurden gesperrt, Zigtausende säumten die Straßen und erfreuten sich an den hell leuchtenden Umzugswagen, deren Glanz so wirken konnte, weil entlang der 42nd Street, dem Broadway und der Fifth Avenue Tausende von Anwohnern und Geschäften am Wegesrand der Parade ebenso wie die Stadtverwaltung auf Disneys bitten hin reagiert hatten und alle Schaufensterbeleuchtungen, Zimmerlampen und Straßenlaternen ausgeschaltet hatten. Auf diese Weise konnte Disney mit einer Parade, bei der Präsentationsformen und Umzugswagen zum Zuge kamen, die das Unternehmen bisher nur in seinen Vergnügungsparks verwendet hatte, das Zentrum der größten Stadt der USA für sich zeitweise vereinnahmen und für seine Werbezwecke nutzen.

Disneyfizierter Stadtteil: *Die Walt Disney Company prägt heute das Quartier um den Times Square und betreibt dort einen* merchandising store, *ein Themenrestaurant, ein Fernsehstudio und mehrere Musicaltheater.*

Auch das neue Studio des Fernsehkanals ABC, das 1999 am Times Square eröffnet wurde, trägt zur Vermarktung von Disney-Produkten bei. Denn der Sender, der hier hinter Panzerglasscheiben, an denen sich Touristen die Nase plattdrücken können, das Frühstücksfernsehen *Good Morning America* produziert, gehört seit 1996 zur Walt Disney Company. Um den Werbeeffekt zu maximieren, wurde das Studio an der 43nd Street vollkommen mit Neon-Werbebändern verkleidet. Auf den selbst für die Verhältnisse am Times Square auffälligen Leuchtbändern blinkt nun im ständigen Wechsel Reklame für die jeweils neuesten Medienprodukte aus dem Hause Disney. Außerdem wurde die 43nd Street von der New Yorker Stadtverwaltung aus Dankbarkeit gegenüber dem Medienkonzern anläßlich der Eröffnung des Studios im September 1999 gleich in „Good Morning America Way" umbenannt. So wird noch einmal zusätzlich deutlich, wer am neuen Times Square den Ton angibt.

Im selben Jahr wurde mit dem Themenrestaurant ESPN-Zone noch eine weitere Unterhaltungseinrichtung des Disney-Konzerns am Times Square eröffnet. Dabei handelt es sich um eine der ersten Gaststätten einer neuen Kette des größten amerikanischen Sportfernsehsenders ESPN, der mit der Übernahme von ABC ebenfalls zu Disney kam. In dem Restaurant können auf zahlreichen Fernsehern Wettkämpfe in allen erdenklichen Sportarten verfolgt werden, wobei über 200 Bildschirme für ein Maximum an Information und Unterhaltung sorgen. Diese bereits massive Präsenz von Disney am Times Square wird noch weiter verstärkt werden. Denn der Entertainmentkonzern plant, ein weiteres Musical am Broadway darzubieten. Diesmal allerdings nicht, wie bei den beiden anderen Disney-Broadway-Erfolgen *Beauty and the Beast* und *Lion King* auf Basis eines Zeichentrickfilms, sondern als eine Musicalversion der Oper *Aida*, für die der bekannte Musiker Elton John die Arrangements liefern wird.

Seit Disney dem Times Square Redevelopment zum Durchbruch verholfen hat, und die neuen *entertainment destinations* in der 42nd Street eröffnet haben, strömen die Touristen in die vorher gemiedene Straße, deren wirtschaftliche Entwicklung nun boomt. Der Erfolg des Projektes übertrifft dabei alle Erwartungen. Die Mieten sind immens gestiegen, und vor allem die Nachfrage nach Flächen für Einzelhandel und Restaurationsbetriebe ist derzeit viel größer als das Angebot. Namhafte Ketten versuchen, einen Standort am Times Square zu ergattern, und müssen dabei auf die Zusage der UDC hoffen, die noch wenige Jahre vorher um die Gunst potentieller Investoren betteln mußte.

Am schnellsten realisiert wurden dabei natürlich die Projekte, die bereits 1996, also im Zusammenhang mit Disneys Entscheidung, das New Amsterdam Theater zu übernehmen, begonnen worden waren. Gegenüber Disneys Bühne entstand an der Stelle der zu Beginn des 20. Jahrhunderts errichteten Theater Lyric und Apollo das LivEnt Musicaltheater. Dabei blieben die alten Fassaden erhalten, dahinter befindet sich aber ein Neubau, dessen Auditorium so viele Zuschauer fassen kann wie die beiden alten Theater zusammen. Um den Anschein des Historischen zu erhalten, wurden der Zuschauerraum und das Treppenhaus mit Stuckelementen und Leuchtern verziert, die noch vor dem Abriß aus den beiden alten Gebäuden gesichert worden waren. In dem neuen Theater wird nun das Musical „Ragtime" gezeigt. Als Sponsor für ihr Vorhaben hat das kanadische Unternehmen LivEnt den Automobilkonzern Ford gewinnen können, so daß das neue Theater 1998 unter dem Namen Ford Center of the Performing Arts eröffnet wurde.

Ein noch größeres Projekt haben der New Yorker Developer Forest City Ratner und der Unterhaltungskonzern American Multiplex Cinemas (AMC), eine der größten Kinoketten der USA, auf den Grundstücken des Empire, des Harris und des Liberty Theaters realisiert. Um Platz für den Komplex mit einer Bruttogeschoßfläche von über 30.000 Quadratmetern zu schaffen, wurden zwei der alten Theater abgerissen, nur das Empire blieb erhalten. Damit es sich in den Neubau einfügen konnte, mußte es jedoch versetzt werden. Mit großem technischen Aufwand wurde im März 1998 das über 80 Jahre alte, 40 Tonnen schwere Theater um 50 Meter nach Westen verschoben. Der Neubau nach Entwürfen des Architekturbüros Beyer Blinder Belle, der das alte Theater nun umgibt, besteht aus einem Einkaufsbereich mit Souvenirshops und anderen touristisch orientierten Geschäften, einem Kinokomplex mit 25 Kinos, einem Hotel der Kette Doubletree mit 460 Zimmern und einer New Yorker Dependance von Madame Tussaud's Wachsfigurenkabinett.

Von noch größerer Bedeutung als diese Projekte sind aber die Investitionen der anderen amerikanischen Medienkonzerne, die ebenfalls das Potential des Times Square erkannt haben und im Projektgebiet oder in dessen unmittelbarer Nähe Präsenz zeigen. Das ehemalige Gebäude der New York Times, das in den achtziger Jahren nach den Plänen der Architekten Johnson und Burgee abgerissen werden sollte, ist 1997 für umgerechnet 200 Millionen DM an eine deutsche Immobilienfirma verkauft worden, die mit 20.000 DM pro Quadratmeter einen der höchsten Preise, der je für ein Bürogebäude an der amerikanischen Ostküste verlangt worden ist, zahlt.

Dafür übernahm die Kölner Firma ein Gebäude, für das aber kurz zuvor ein Mietvertrag mit einem der bedeutendsten Unternehmen der USA abgeschlossen worden war. Mieter ist der wenige Blocks weiter im Rockefeller Center an der Sixth Avenue ansässige größte Medienkonzern der Welt, Time Warner, der mittlerweile mit AOL fusioniert ist und unter dem Namen AOL Time Warner firmiert. Dessen Tochterfirma Warner Brothers Studios hat nun am Times Square einen seiner Warner Bros. Studio Stores eröffnet, in dem ähnliche Waren wie in den Disney Stores angeboten werden, nur daß hier Bugs Bunny anstelle von Micky Maus das wichtigste Motiv ist.

Auch der neben Disney und AOL Time Warner dritte amerikanische Mediengigant, CBS Viacom, nutzt das neue Image des Times Square und versucht, mit einem Projekt an diesem Ort einen Popularitätsgewinn für seinen Musik-Fernsehsender MTV zu erzielen. Zu diesem Zweck wurde in dem Hochhaus am nördlichen Ende des Times Square, in dem der Konzern seinen Sitz hat, ein neues MTV Live-Studio eingerichtet, von dem aus man den Times Square überblicken kann. Mit der berühmten Ansicht des Platzes im Hintergrund der Moderatoren soll dem Programm eine zusätzliche großstädtische Aura verliehen werden.

Selbst der deutsche Medienkonzern Bertelsmann ist am Times Square präsent. Bereits seit Ende der achtziger Jahre sind hier in einem firmeneigenen Bürohochhaus die Nordamerika-Zentrale und die Leitung des Konzernbereichs Entertainment/Musik untergebracht. Auch wenn Bertelsmann den neuen Times Square nicht wie CBS Viacom unmittelbar in sein Unterhaltungsgeschäft eingebunden hat, so hat es die Firma doch zumindest verstanden, die neue Situation dazu zu nutzen, den nicht selbst verwendeten unteren Teil ihres für 300 Millionen Dollar erworbenen Bertelsmann Building für Unterhaltungsnutzungen an andere Medienkonzerne weiter zu vermieten. So eröffnete dort 1997 ein über drei Stockwerke reichendes Musikgeschäft der Firma Virgin Records, das Touristenrestaurant Official All Star Café und ein Multiplex-Großkino des japanischen Elektronik- und Unterhaltungskonzerns Sony.

Dieser Entertainment-Boom am Times Square hat das Image des Quartiers so sehr verändert, daß sich im Laufe der Zeit, wie von der UDC erhofft, sogar Investoren für die Bürohochhaus-Grundstücke fanden, auf denen zunächst provisorische Geschäftsbauten errichtet worden waren. Allerdings werden, wie von Robert A.M. Stern geplant, nicht die von Johnson und Burgee gestalteten vier Bürotürme errichtet, sondern Gebäude mit ganz anderer Nutzung und Form.

An die Stelle von Finanzdienstleistungsunternehmen als potentiellen Mietern sind nun vor allem die Medien- und Tourismuskonzerne getreten. So hat die TSCA 1996 einen der Blöcke am Times Square an den Developer Douglas Durst verkauft, der hier für die Condé-Nast-Gruppe, die Zeitschriftentitel wie Vogue und Vanity Fair herausgibt, für 500 Millionen Dollar ein neues Verlagsgebäude errichtet hat. Der 1999 fertiggestellte Bau mit seinen 51 Stockwerken, für das die Architekten Fox Fowle die Entwürfe lieferten, ist das erste Bürohochhaus, das nach einer Unterbrechung von fast zehn Jahren in New York gebaut wurde.

Nachdem dieser Durchbruch erzielt wurde, finden sich nun auch Investoren für die anderen Grundstücke am Times Square. So baut auf dem gegenüberliegenden Gelände der Developer Rudin ein 31-stöckiges Gebäude für die Nordamerikazentrale der Nachrichtenagentur Reuters. Der Turm, der wie sein Pendant auf der anderen Straßenseite von Fox Fowle entworfen wurde, soll in den unteren Geschossen 7500 Quadratmeter Einzelhandelsfläche und ein Studio für Finanznachrichtensendungen beherbergen. Für die anderen Grundstücke gibt es ebenfalls Interessenten, darunter den Hotelkonzern Marriott, der den wachsenden Markt der New York-Touristen bedienen will.

Und schließlich erwägt auch die New York Times, ein neues Verlagsgebäude am Rande des Quartiers zu bauen. Der neue Turm in der Eighth Avenue würde die jetzt über mehrere Baublöcke verteilten Abteilungen vereinen. Diese könnten dann ihre alten Büros am Times Square, unter anderem in dem seit 1913 genutzten prachtvollen Hochhaus an der 43nd Street, verlassen. Die mit dem Verkauf der alten Gebäude verbundenen Gewinne müßte die New York Times dann wahrscheinlich nicht einmal versteuern. Denn wie andere Firmen auch, hat der Verlag vor, sich die Entscheidung, in der Stadt zu investieren anstatt ins Umland zu ziehen, von der Stadtverwaltung mit großen Steuererleichterungen belohnen zu lassen (vgl. Bagli).

Angesichts der drastisch gestiegenen Immobilienpreise im Quartier könnte das Projekt der New York Times ein einträgliches Geschäft werden. Für den renommierten Verlag, der dem Platz vor fast hundert Jahren seinen Namen gab, und dessen Besitzer mit seinem persönlichen Einsatz für den Times Square BID einer der Initiatoren der derzeitigen Entwicklung ist, hätte sich somit das Engagement für den drastischen Wandel des Quartiers mehr als gelohnt.

Das neue New York: Null Toleranz

Durch die Fokussierung des Stadterneuerungsvorhabens auf die 42nd Street, in der es einst die höchste Konzentration an Sex-Shops gab, haben die UDC und die Stadtverwaltung in den achtziger Jahren eine soziale Umstrukturierung des Viertels beabsichtigt und eingeleitet, die von den Maßnahmen des von der Privatwirtschaft finanzierten Times Square *business improvement district* noch verstärkt worden ist. So tiefgreifend diese Vertreibung sämtlicher Nutzer aus dem Projektgebiet und so drastisch die Maßnahmen des BID auch waren, für die Umgestaltung des Times Square zu einem familien- und touristenfreundlichen Unterhaltungszentrum in den neunziger Jahren wurde diese Ausgrenzung der nichtkonformen Nutzungen nochmals verschärft.

Während der Verhandlungen des Disney-Konzerns mit der UDC und der Stadtverwaltung über die Renovierung des New Amsterdam Theaters 1995 trafen sich der Chef des Disney-Konzerns, Michael Eisner, und der Bürgermeister von New York, Rudolph Guiliani, zu einem Gespräch. Dabei machte Eisner deutlich, daß es für eine Investition seines besonders für Familien als vertrauenswürdig geltenden Unternehmens unverzichtbar sei, daß das Umfeld des Projektes frei von Sexgewerbe wäre. Daraufhin sicherte der Bürgermeister dem Medienmanager mehrmals zu, daß bis zur Eröffnung des Theaters die entsprechenden Geschäfte aus dem Quartier verschwunden sein würden.[1]

Um diese Zusage halten zu können, mußte Guiliani eine in der Stadt seit Jahren diskutierte und umstrittene Änderung der Verordnungen über die Zulässigkeit von Sex-Gewerbe, die sogenannten *adult entertainment regulations*, voranbringen. Da die Möglichkeit, solche Gewerbe ganz zu verbieten, aus verfassungsrechtlichen Bedenken nicht in Frage kam, ging es darum, einen Weg zu finden, sie lediglich aus dem Times Square-Viertel in andere Gebiete zu vertreiben.

Dem standen jedoch die politischen Vertreter der äußeren Bezirke Brooklyn, Queens und Bronx kritisch gegenüber, da sie befürchteten, diese

---

1 So beschrieben der Bürgermeister und der Disney-Manager ihre Verhandlungen von 1995 auf einer Pressekonferenz in New York am 2. April 1997 (vgl. Weber).

Gewerbe könnten dann in ihre Bezirke überwechseln. Darum einigte man sich schließlich auf einen Kompromiß, dessen Grundlage in einer bereits 1994 ausgearbeiteten *adult entertainment*-Studie des New Yorker Stadtplanungsamtes skizziert worden war. Diese betonte bei der Beschreibung des Phänomens einerseits die angebliche Belästigung der Passanten durch die aufdringlichen, großflächigen Neon-Reklamen der Sexshops und versuchte andererseits sogenannte „Sekundäreffekte" einer räumlichen Konzentration von Sex-Gewerben zu dokumentieren, von denen als Beispiele eine erhöhte Kriminalitätsrate im Quartier und fallende Immobilienwerte genannt wurden (vgl. Department of City Planning).

Dementsprechend wurden die neuen *adult entertainment regulations* so gestaltet, daß sie in der Lage sein sollten, solche räumlichen Konzentrationen zu unterbinden. Mit dieser Strategie war es möglich, die bestehende Häufung von Sexshops am Times Square - denn nur dort gab es eine nennenswerte Konzentration - zu unterbinden, und gleichzeitig zu verhindern, daß ein neues Sex-Shop-Viertel an anderer Stelle in der Stadt entstehen würde.

Um dieses Ziel zu erreichen, erließ die Stadt 1995 neue Regelungen, nach denen es untersagt war, einen Sex-Shop, eine Peepshow oder eine Striptease-Bar im Umkreis von 500 Fuß (etwa 150 Meter) eines Wohngebietes, einer Kirche, einer Schule oder eines anderen Sexshops zu eröffnen bzw. weiterzuführen. Dabei war durchaus beabsichtigt, mit der so weitreichenden Einschränkung Sexgewerbe für die meisten Bereiche der Stadt, abgesehen von einigen abgelegenen Gewerbegebieten und wenigen Punkten in Kerngebieten, auszuschließen. Vor allem aber am Times Square zeigte diese Maßnahme Wirkung. Denn im gesamten Viertel konnten somit von den Sexgewerben, von denen es im Quartier vor Beginn des 42nd Street Redevelopment einmal über 140 gegeben hatte, nur noch drei bestehen bleiben.

Nachdem es bei der Umsetzung der neuen Regelungen zu Verzögerungen kam, weil einige der Sexshop-Betreiber unter Bezugnahme auf das in der Verfassung verankerte Recht auf freie Meinungsäußerung versuchten, die Maßnahmen auf dem Rechtsweg zu verhindern, entschied im Juli 1997 ein Gericht des Staates New York gegen sie. So drohte also zum selben Zeitpunkt als Disney sein New Amsterdam Theater eröffnete, den meisten Sexshops am Times Square tatsächlich die zwangsweise Schließung. Damit wurde die Umgestaltung eines über die Jahrzehnte hinweg unterschiedlich ausgeprägten, aber das ganze Jahrhundert hindurch immer vielfältigen und von typisch großstädtischen Widersprüchen geprägten Vergnügungsviertels in ein homogenes familien- und touristengerechtes Quartier endgültig festgeschrieben. Angesichts der Bedeutung der Renovierung des New Amsterdam Theaters als das Vorhaben, das den Durchbruch des Projektes zum ökonomischen Erfolg brachte, und der Tatsache, daß Eisners Bedingung dafür die Vertreibung der Sexshops aus dem Quartier war, wird deutlich, daß der Ausschluß aller nicht-konformen Nutzungen und die kulturelle Homogenisierung des Quartiers nicht nur einfach irgendwie mit dem entertainment-orientierten Projekt einher gingen, sondern sogar dessen Voraussetzung waren.

Diese Maßnahmen zur Veränderung des Times Square sind Teil eines noch umfassenderen Programms, mit dem die Stadtverwaltung von New York versucht, nichtkonforme Personen aus dem öffentlichen Raum der Stadt zu verdrängen. Der republikanische Bürgermeister Rudolph Guiliani hat seit seinem Amtsantritt 1993 eine neue Polizeistrategie unter dem Motto *zero tolerance* durchgesetzt, der die Annahme zugrunde liegt, Delikte wie Raub oder Mord könnten am besten durch massive Polizeipräsenz und die Verfolgung auch kleinster Straftaten verhindert werden, da Schwerverbrechen vor allem in unsauberen und unkontrollierten Bereichen geschähen.

Dementsprechend werden nun kleinere Delikte schonungslos verfolgt. Zunächst kam es zu Schwarzfahrerkontrollen in der U-Bahn, bei denen die Ertappten in Handschellen zu Sammellagern gebracht wurden. Solch rigoroses Vorgehen wurde schließlich auf die ganze Stadt ausgedehnt. So verfolgt die Polizei seitdem mit erhöhtem Aufgebot und verschärften Strafen Schulschwänzer, Graffitisprayer, Prostituierte und Bettler. Beispielsweise werden diejenigen, die dabei erwischt werden, wie sie „aggressiv" um Almosen bitten, drei Tage in Arrest gesteckt.

Die Wirkung all dieser Maßnahmen ist aber schwer bestimmbar. Zwar verweist die Stadtverwaltung gerne auf eine massiv zurückgegangene Kriminalitätsrate - so sank die Zahl der jährlichen Morde im Vergleich zum Anfang der neunziger Jahre um über 50%. Doch Kritiker verweisen darauf, daß solche Statistiken nicht viel aussagen. Denn einerseits ist die Mordrate in New York bereits vor der Einführung der neuen Polizeimethoden gesunken, und andererseits sind ähnliche positive Veränderungen in fast allen amerikanischen Städten festzustellen, also auch dort, wo es keine Null Toleranz-Politik gibt. Unterschiedliche andere Phänomene, wie ein demographischer Wandel, veränderte Strukturen des Drogenhandels oder eine Verringerung der Arbeitslosigkeit kommen deshalb als Gründe für den Rückgang der Schwerverbrechen in den amerikanischen Städten in Betracht (vgl. von Rimscha). Eindeutig sind dagegen die Folgen der neuen Politik für die Ausgegrenzten, denn die Obdachlosen und Drogenabhängigen werden vor allem aus dem Stadtzentrum und damit aus dem Blickfeld verdrängt.

Im Gegensatz zu den *adult entertainment regulations* ist die Null Toleranz-Politik zwar nicht primär auf den Times Square ausgerichtet. Doch die unterschiedlichen Maßnahmen lassen sich zu einem neuen Image zusammenfügen, wobei der Öffentlichkeit ein scheinbarer Zusammenhang zwischen Null Toleranz, verschwundenen Sexshops, Sauberkeit, Sicherheit und Lebensqualität vermittelt wird. In den zahlreichen Berichten der Massenmedien über den Wandel New Yorks seit Disneys Engagement wird dies schnell deutlich. So brachte beispielsweise das Magazin Time schon im April 1997 einen Artikel über „Das Wunder auf der 42sten Straße" und das Magazin Newsweek im August 1997 einen ausführlichen Artikel über die „Rückkehr New Yorks zum Rest des Landes".

So ergänzen sich Stadterneuerungspolitik, Polizeitaktik und Berichterstattung: Ein sauberer, von Polizisten und privaten Sicherheitskräften kontrollierter und von Disney zum vertrauenswürdigen Aufenthaltsort geadelter Times Square dient als Symbol für das neue, saubere, sichere New York. Und umgekehrt trägt das neue Image der Stadt, deren Polizei gegenüber Obdachlosen, Prostituierten und Drogenabhängigen Null Toleranz zeigt, zum Vertrauen der potentiellen Kunden aus den *suburbs* bei und führt so zu steigenden Touristenzahlen und damit zu wachsenden Umsätzen der Unterhaltungsindustrie.

7. Neudefinition der amerikanischen Großstadtkultur

Mit seinem Engagement am Times Square hat sich der Disney-Konzern an die Spitze einer Entwicklung gestellt, die derzeit die amerikanischen *downtowns* tiefgreifend verändert. Weil Arbeitsplätze im Bereich der produktions- und finanzorientierten Dienstleistungen zunehmend in die *edge cities* verlagert werden, stagniert der Bau von Bürohochhäusern in den Städten. Gleichzeitig steigt die Bedeutung von konsumorientierten Dienstleistungen, vor allem von Freizeiteinrichtungen für Touristen und Vorortbewohner, so daß der Bau von *urban entertainment destinations* zum wichtigsten planerischen Instrument der Stadterneuerung in den USA wird.

Das Times Square-Erneuerungsprojekt stellt das größte Vorhaben dieser Art dar. Der unvollendet gebliebene Versuch, die 42nd Street zu einem Bürostandort umzustrukturieren, bot dem Disney-Konzern eine hervorragende Grundlage, um seine Unterhaltungseinrichtungen an einem so prominenten Ort zu bauen. Das touristische Potential des Quartiers ermöglicht, die Zielgruppe der suburbanen Mittelschichtsfamilien erfolgreich anzusprechen, so daß sie in großer Zahl in den Disney-Store, das Disney-Musicaltheater und das ESPN-Restaurant kommen. Für die Vorortbewohner steht dabei der vertrauenswürdige Markenname Disney als Zeichen dafür, willkommen zu sein und sich sicher fühlen zu können. So bietet der Unterhaltungskonzern eine Art Leitstern und Schutzschild für die Angehörigen der Mittelklasse bei ihrer besuchsweisen Rückkehr in die Innenstadtgebiete, in die sie sich ansonsten kaum noch gewagt haben. Die Voraussetzung dafür war allerdings die Umwandlung des Viertels in eine touristenfamiliengerechte Umgebung. Denn Disneys Bedingung für die Investitionen war der Ausschluß aller nichtkonformen Nutzungen, für den die Stadtverwaltung mit ihrer Null Toleranz-Politik und ihren *adult entertainment regulations* sowie der Times Square BID mit seinen begleitenden Maßnahmen sorgten und sorgen.

Trotz dieser kulturellen Homogenisierung des Quartiers ist es Disney aber gelungen, die neue Version der 42nd Street als die adäquate Lösung zu präsentieren. Denn Robert A.M. Stern hat mit seinem Designkonzept dafür gesorgt, daß die neue 42nd Street eine Gestaltung erhält, die auf das Aussehen und die Nutzung des Vergnügungsviertels in der ersten Hälfte des 20. Jahrhunderts bezug nimmt. Auf diese Weise schafft es der Disney-Konzern, am Times Square den Touristen nicht nur die Sicherheit des kontrollierten Raumes einer *shopping mall* oder eines Vergnügungsparks zu bieten, sondern gleichzeitig großstädtischen Abwechslungsreichtum zu inszenieren, so daß den Kunden das Gefühl eines „echten Stadterlebnisses" vermittelt wird.

Mit diesem Projekt sichert sich der Unterhaltungskonzern eine zentrale Position für weitere Vorhaben auf dem rasant wachsenden Markt des Städtetourismus. Für ein solche langfristige Strategie ist die 42nd Street hervorragend geeignet, denn dieses Vergnügungsviertel symbolisiert wie kein anderer Ort die amerikanische Großstadtkultur. Der Times Square, der um 1900 zum Inbegriff für großstädtischen Abwechslungsreichtum wurde und der später zum Symbol für die Widersprüchlichkeiten und den Wandel der amerikanischen Städte im 20. Jahrhundert geworden ist, dient seit dem Einstieg des Disney-Konzerns als Modell für unterhaltungsorientierte Stadterneuerungsprojekte. Mit diesem prominenten Vorhaben als Referenz gilt der Disney-Konzern als die Firma, die mit ihrem Know-how am besten in der Lage ist, die verfallenden amerikanischen Innenstädte wirtschaftlich erfolgreich zu erneuern. So präsentiert sich Disney als einer der wichtigsten Träger der amerikanischen *mainstream*-Kultur, dem es gelingt, für die weiße Mittelschicht Teile der Innenstädte zurückzugewinnen.

Teil III: Celebration: Simulation kleinstädtischer Idylle

Im November 1996 wurde nahe der Stadt Orlando in Zentralflorida der erste Teil einer Siedlung fertiggestellt, die von einem Tochterunternehmen der Walt Disney Company errichtet wird und den Namen Celebration trägt. Obwohl der Disney-Konzern in dieser Region bisher vor allem in bedeutende touristische Projekte investiert hat, handelt es sich bei Celebration aber nicht um eine Ferienanlage, sondern um eine komplette Stadt mit der dazugehörigen technischen und sozialen Infrastruktur, die einmal 20.000 Einwohner haben soll.

Siedlungen dieser Größenordnung, die von nur einem Unternehmen in relativ kurzer Zeit projektiert, entwickelt und vermarktet werden, sind in den USA und dort vor allem in den boomenden Stadtregionen des Südens und Westens, nichts Außergewöhnliches. Doch Celebration hebt sich von den meisten neueren amerikanischen Siedlungen durch zwei wesentliche Eigenschaften ab.

Zum einen unterscheidet sich seine Gestaltung erheblich von dem üblichen automobilgerechten Aufbau der typischen *suburbs*, deren wesentlichen Merkmale eine Aneinanderreihung ähnlicher freistehender Einfamilienhäuser, eine am Rande gelegene überdachte, von Parkplätzen umgebene *shopping mall* und ein von Tankstellen, Schnellrestaurants und Motels gesäumter *strip* sind. Statt dessen ist Celebration, den Konzepten des New Urbanism entsprechend, einer gewachsenen Kleinstadt nachempfunden und zeichnet sich durch ein verdichtetes, gemischt genutztes, fußgänger-freundliches Zentrum und eine historisierende, der Südstaaten-Architektur der Vorkriegszeit nachempfundene Gestaltung aus.

Zum anderen ist es bemerkenswert, daß mit der Disney Development Company nicht ein Bauunternehmen die Stadt geplant hat, sondern die Tochterfirma eines Medienkonzerns, der hier mit Celebration eine Vorbildstadt neuen Typs errichten will. Denn in Disneys Stadt sollen sowohl verlorene städtebauliche Qualitäten einer Kleinstadt, als auch die im traditionellen amerikanischen Wertesystem verankerten Begriffe *neighborhood* und *community* wieder besonders zur Geltung kommen, und Disneys prominenter Vorstandsvorsitzender, Michael Eisner, verspricht vollmundig, mit diesen Eigenschaften würde Celebration der Prototyp einer Siedlung des 21. Jahrhunderts werden (zitiert in: Dunlop, S. 64).

Angesichts dieses hohen selbstgestellten Anspruchs stellt sich die Frage, wie es möglich ist, daß ein Projekt mit solchen Eigenschaften, wie sie Celebration auszeichnen, als eine potentielle Antwort auf die Mängel der herkömmlichen amerikanischen *suburbs* präsentiert werden kann. Zu diesem Zweck muß man sich zunächst mit der Entwicklung Floridas bzw. der Region Orlando auseinandersetzen. Dabei wird nämlich deutlich, daß es kein Zufall ist, daß der Disney-Konzern sein Projekt genau an diesem Ort und gerade in dieser Form lanciert. Denn in Orlando wirkt ein solches Modellvorhaben wie eine durchaus konsequente Weiterentwicklung der Geschichte des Ortes.

8. Instant History

Florida ist der Teil der heutigen USA, der die längste Geschichte europäischer Kolonisation aufweist. Dort befinden sich die ersten von Europäern gegründeten Siedlungen auf dem nordamerikanischen Festland, darunter als älteste die 1565 von den Spaniern ins Leben gerufene Stadt San Agostín (heute St. Augustine). Dennoch blieb das Hinterland lange Zeit ein von europäischen Siedlern kaum erschlossenes Gebiet. Dies änderte sich erst 1845, als Florida ein Bundesstaat wurde und Kolonisten einige Landstriche zum Tabak- und Obstbau erschlossen. Die agrarische Struktur Floridas änderte sich aber bereits 50 Jahre später mit den Aktivitäten des Eisenbahnunternehmers Henry M. Flagler. Mit den neuen Eisenbahnlinien konnten Agrarprodukte in den Norden transportiert werden, vor allem aber wurden die Küstengebiete für die Besiedlung erschlossen. Diese Entwicklung wurde von Flagler ganz bewußt vorangetrieben, indem er entlang seiner Eisenbahnlinie Prachthotels und ganze Siedlungen anlegen ließ, die vor allem der Oberschicht aus dem Nordosten der USA als Winterwohnort und Altersruhesitz dienten. Erst in diesem auf Tourismus basierenden Bauboom der ersten dreißig Jahre des 20. Jahrhunderts wurde Florida in stärkerem Ausmaß besiedelt. So hatte beispielsweise die heutige Metropole Miami noch im Jahre 1900 nur 1000 Einwohner, 1920 dagegen schon 100.000.

In diesem Wachstumsprozeß gab es vor allem in den zwanziger Jahren bedeutende Versuche, für die meist wohlhabenden neuen Bewohner lebenswerte Idealstädte zu bauen, deren Gestaltung und Organisation den Prinzipien der Gartenstadtbewegung entlehnt war. Kaum eine andere Region kann eine solche Vielzahl von derartigen Siedlungen aufweisen wie Florida. Coral Gables unweit von Miami war 1921 die erste dieser neuen Städte, und kurz darauf wurde mit dem Bau der Siedlung Boca Raton und dem heutigen Prominenten- und Millionärswohnort Palm Beach begonnen, bei deren Planung und Gestaltung der Architekt und Bauunternehmer

Addison Mizner federführend war. Neben diesen Projekten an der Ostküste Floridas wurden zur gleichen Zeit unter dem Einfluß des Architekten John Nolen mit St. Petersburg, Clewiston und Venice ähnliche Städte an der Westküste errichtet.

Bei der Entwicklung dieser Städte spielte die Architektur eine wichtige Rolle. Schon als der Eisenbahnunternehmer Flagler entlang der Ostküste die ersten Hotels baute, erkannte er das Potential, das eine Bezugnahme auf die spanische Tradition der von seiner Eisenbahn erschlossenen kleinen, aber ältesten Stadt Nordamerikas St. Augustine bot. Deshalb ließ er ein in dieser Stadt gestiftetes Museum ebenso wie die meisten seiner Grandhotels entlang der Küste in einem hispanisierenden Stil errichten. Diese Konstruktion einer *„Instant History"* (Lejeune, S. 250) wurde in den folgenden Jahrzehnten beim Bau der Gartenstädte weiter verfolgt, paßte doch diese Architektur gleichzeitig hervorragend in die ausgefeilten Marketingkonzepte. Denn die Herstellung einer historischen Kontinuität zu den spanischen Eroberern ließ sich gut mit dem Mythos des Seefahrers Ponce de León verbinden, der im 16. Jahrhundert in Florida auf der Suche nach dem Jungbrunnen als erster Europäer einen Teil des nordamerikanischen Festlandes erkundet hatte und damit eine Legende schuf, die hervorragend zu der Vermarktung Floridas als Rentnerparadies und natürliches Sanatorium paßte.

Darüber hinaus diente dieser Rückgriff auf europäische Traditionen auch zur Verdeutlichung des Sozialprestiges der Siedlungen. Denn während die schon länger ansässigen in der Landwirtschaft tätigen Siedler in einfachen Holzhäusern ohne „europäischen Stil" wohnten, konnten die bürgerlichen Neuhinzugezogenen nun mit der Bezugnahme auf europäische Traditionen ihren elitären kulturellen Anspruch verdeutlichen. Vor allem Mizner verstand es, dieses Bedürfnis bei der Gestaltung seiner Siedlungen zu befriedigen und entwickelte das Konstrukt der spanischen Tradition zu einer Vielzahl von meist mediterranen Stilen weiter, die in Coral Gables schließlich zu neunzehn verschiedenen Typen führten. Beim Bau des in den zwanziger Jahren neuangelegten Palm Beach verstand es Mizner, das mediterrane Motiv nicht nur auf einzelne Gebäude, sondern auf die Komposition einer pittoresken Einkaufs- und Wohnstraße im Zentrum der Siedlung anzuwenden, als er den Española Way schuf und damit zu einer weiteren Popularisierung dieses Stils beitrug, der heute in ganz Florida verbreitet ist.

Die Entwicklung Floridas zum bevorzugten Wohnsitz für Pensionäre und bedeutendsten Touristenziel der USA hat sich in der Nachkriegszeit noch verstärkt. Der *sunshine state* ist heute eine der umsatzstärksten Tourismusregionen der Welt, und mit einem Anteil der über 60jährigen von 25 % an der Gesamtbevölkerung des Staates (in einigen Landkreisen sogar über 50 %) ist Florida mehr denn je der bevorzugte Wohnort begüterter Pensionäre. Zusätzlich zu diesem Wachstum im Bereich der in Florida traditionell stark ausgeprägten konsumorientierten Dienstleistungen hat sich der Bundesstaat auch binnen weniger Jahrzehnte zu einem bedeutenden Zentrum der finanz- und unternehmensorientierten Dienstleistungen entwickelt. Vor allem Miami ist in den letzten Jahren zu einem für den lateinamerikanischen Raum bedeutenden Finanzplatz geworden. Bezüglich der Anzahl niedergelassener ausländischer Banken folgt Miami sogar gleich nach New York, Los Angeles und Chicago. Darüber hinaus haben sich auch forschungsintensive Industriebranchen angesiedelt, so daß sich Florida zu einem der führenden Hochtechnologiezentren des Landes entwickelt hat. Diese dynamische wirtschaftliche Entwicklung hat dazu geführt, daß von den zehn am schnellsten wachsenden Agglomerationen der USA fünf in Florida liegen, darunter auch die boomende Region Orlando.

Nach seiner Gründung 1837 wuchs Orlando über ein Jahrhundert hinweg kaum über das Stadium einer ländlichen Kleinstadt hinaus. Erste Veränderungen ergaben sich in der Nachkriegszeit. Angezogen durch die Gründung des Raumfahrtzentrums im nahegelegenen Cape Canaveral, siedelten sich die ersten Betriebe der Luft- und Raumfahrtindustrie in der Region an. Während 90 % der Bevölkerung Floridas im Küstenstreifen wohnt, begann sich so Orlando zu einer der wenigen größeren Städte im Landesinneren zu entwickeln, behielt aber bis in die sechziger Jahre den Charakter einer verschlafenen, konservativen Südstaaten-Ortschaft.

Diese Situation änderte sich schlagartig in den sechziger Jahren, nachdem sich der als Comiczeichner berühmt gewordene und mittlerweile zum vielfältigen Unternehmer der Medienbranche avancierte Walt Disney entschloß, in Orlando große Ländereien aufzukaufen, um hier einen neuen Themenpark zu bauen, mit dem er an die Erfolge seines schon seit den fünfziger Jahren in Kalifornien existierenden Disneyland anschließen wollte. Mit der Wahl des Standortes Orlando bewies Disney Weitsicht, denn während die küstennahen Gebiete Floridas schon touristisch erschlossen waren, und die Grundstückspreise entsprechend hoch, waren die Zitrushaine rund um die klimatisch ebenso attraktive Kleinstadt Orlando noch günstig zu erwerben.

Um die Preise nicht vorzeitig in die Höhe zu treiben, begann seine Firma inkognito einzelne Plantagen aufzukaufen, und nach und nach kam eine Fläche von über 11.000 Hektar in den Besitz des Unternehmens. Diese gigantischen Dimensionen waren von Disney angestrebt worden, weil er nach dem Erfolg seines ersten Themenparks in Anaheim bei Los Angeles bemerkt hatte, daß seine Möglichkeiten, das Projekt zu vermarkten noch umfangreicher gewesen wären, wenn er auch die rundum gelegenen Flächen im vorhinein günstig erworben hätte. So aber hatte er mit ansehen müssen, wie andere Unternehmen, die rings um Disneyland Motels, Restaurants und Spielhallen errichtet hatten, vom Erfolg seines Themenparks mit profitierten und nach seiner Ansicht auch die Gegend verschandelten. Deshalb war der neue, größere Themenpark Disney World in Orlando von vornherein so konzipiert, daß er alles bisher auf diesem Sektor dagewesene an Größe und Perfektion übertreffen sollte. Auf dem firmeneigenen Gelände sollte nicht nur ein Vergnügungspark entstehen, sondern auch Hotelanlagen für die Besucher mit der dazugehörigen Infrastruktur und eine Siedlung für die Beschäftigten von Disney World (vgl. Sorkin).

Bevor das Vorhaben vollendet werden konnte, starb der Firmengründer Walt Disney im Jahre 1966. Doch seine Nachfolger in der Konzernleitung trieben das Projekt in wesentlichen Teilen unverändert voran. Um sich für ein derartig ambitioniertes Vorhaben planungsrechtlich abzusichern, handelte das Disney-Management mit dem Bundesstaat Florida den sogenannten Reedy Creek Business Improvement District-Vertrag aus, in dem das Unternehmen für sein Land Rechte zugestanden bekam, als ob es sich bei dem Gebiet um ein eigenständiges *county* handele. Da ein solches Zugeständnis aber eigentlich nur gewählten Gremien gemacht werden konnte, installierte der Disney-Konzern kurzerhand eine eigene „Regierung", die von einigen als „Bürger" fungierenden Disney-Managern „gewählt" wurde (vgl. Rymer). Auf diese Weise erhielt das Unternehmen das Recht, auf dem firmeneigenem Gelände selbst über den Bau von Straßen und die Gestaltung von Gebäuden entscheiden zu können, selber Steuern zu erheben und sogar, ein eigenes Atomkraftwerk zu errichten - eine Option, die allerdings nie genutzt wurde. Mit diesen umfangreichen Möglichkeiten ausgestattet, gingen die Planungen des Konzerns für Disney World zügig voran, und im Jahre 1971 konnten der neue Themenpark und die ersten dazugehörigen Hotels eröffnet werden.

Seit der Eröffnung von Disney World ist Orlando in einer beispiellos rasanten Entwicklung zum bedeutendsten touristischen Anziehungspunkt der Welt geworden - allein in den Disney-Komplex in Orlando kommen jedes Jahr mehr Touristen als beispielsweise in die gesamte Republik Österreich. Der Disney-Konzern selbst hat noch drei weitere Themenparks, EPCOT, Disney-MGM Studios und Animal Kingdom, errichtet, und andere Firmen sind mit ähnlichen Projekten gefolgt. In den vergangenen Jahren wurden in der Nähe Orlandos das Großaquarium Sea World, der Universal Studios-Themenpark, das Erlebnis-Bad Wet ‚n' Wild und die Bush Gardens erbaut, die alle ebenfalls täglich Tausende von Besuchern anziehen. Mit all diesen Einrichtungen ist in Zentralflorida eine riesige Tourismusindustrie entstanden. Mittlerweile zieht der Großraum Orlando jährlich etwa 37 Millionen Touristen an, die hier über 15 Milliarden Dollar ausgeben. Damit sind über 100.000 Arbeitsplätze im Fremdenverkehrssektor entstanden, darunter allein etwa 40.000 in Disneys Themenparks.

So ist Orlando zu einem weltweit bekannten Ort geworden, der den Erfolg der amerikanischen Dienstleistungsindustrie ebenso wie die vergnüglichen Seiten des *american way of life* symbolisiert. Darüber hinaus wird der Besucher von Disneys Themenparks Zeuge einer geradezu kultischen Verehrung des verstorbenen Firmengründers durch das heutige Management, die mit einer beständigen Wiederholung seiner auf dem traditionellen amerikanischen Wertesystem basierenden Leitgedanken einhergeht. Diese drehen sich um die Idealvorstellung, daß jeder Mensch die Möglichkeit hat, seine Träume zu verwirklichen, wenn er nur wirklich will, oder wie es Walt Disney mit einem seiner vielzitierten Leitsprüche ausgedrückt hat:

„Somehow I can't believe there are many heights that can't be scaled by a man who knows the secret of making dreams come true." (The Walt Disney Company, S. 2)

Die Erfolgsgeschichte des Firmengründers und der von ihm konzipierten Urlaubswelt in Florida dienen dabei als Beweis dieser Idee. So ist beispielsweise einem vom Disney-Konzern vertriebenen Buch über die Walt Disney World eine Einleitung vorangestellt, die den Mut und die Fähigkeit zur Vision von Walt Disney preist, um die Vorbildhaftigkeit seines Lebenswerks schließlich so zu beschreiben:

„Each time he turned one of his dreams into reality, he showed us that our own dreams can come true." (ebd.)

Durch die ständige Wiederholung dieser Leitgedanken ist Orlando mit seinen Themenparks, in denen mehr Menschen als an irgendeinem anderen Touristenziel der Welt ihre Urlaubsträume erfüllt werden, gleichzeitig zu einem Ort geworden, der wie nur wenige andere den im traditionellen Wertesystem verwurzelten *american dream* symbolisiert und reproduziert.

9. Walt Disneys konservative Utopie

Visionen für die Industrie

Als Walt Disney in den sechziger Jahren das riesige Gelände bei Orlando erwarb, beabsichtigte er nicht nur den Bau eines neuen Themenparks und der dazugehörigen Hotels. Diese tourismusorientierten Vorhaben waren eigentlich nur geplant, um Geld einzubringen für ein wesentlich größeres und umfassenderes Projekt, mit dem sich Walt Disney einen lang gehegten Wunsch erfüllen wollte: Er plante, eine Siedlung zu bauen, mit der er ein Modell für die Stadt der Zukunft schaffen wollte. Deshalb gab er ihr auch den etwas hochtrabenden Namen Experimental Prototype Community of Tomorrow, kurz EPCOT.

Konservative Utopie: *Das Contemporary Hotel in Orlando spiegelt mit seinem Innenhof, in den die Monorail einfährt, etwas davon wieder, wie sich Walt Disney seine hypermoderne Stadt EPCOT vorgestellt hatte. Der Konzernchef wollte in der Modellgemeinde den Alltag der Bewohner umfassend organisieren und kontrollieren lassen.*

Disney stellte sich EPCOT als eine vollständige Stadt mit technischer und sozialer Infrastruktur vor, in der etwa 20.000 Einwohner im Einklang mit den neuesten technischen Errungenschaften leben würden. Die Siedlung war zunächst als Wohnort für die Angestellten von Disney World geplant. In späteren Phasen sollten aber noch weitere, in zusätzlichen Wohn- und Gewerbegebieten lebende und arbeitende, Bewohner hinzukommen, so daß die Stadt ständig weiter wachsen würde.

Darüber hinaus sollten Besucher aus aller Welt nach EPCOT kommen, um hier zu erleben, wie nach Walt Disneys Vorstellungen das Leben in der Zukunft aussehen könnte. Ebenso wie Disney ein rosiges Bild der Zukunft in EPCOT zeichnen wollte, war er über den Erfolg seiner Modellstadt optimistisch, die seiner Ansicht nach für mehr Leute Gesprächsthema werden würde als irgendein anderes Gebiet auf der Welt (vgl. Rymer).

Walt Disney hegte bereits seit Jahrzehnten eine Passion für Ideen über die Stadt der Zukunft. Schon sein erster Themenpark, das in den fünfziger Jahren in Kalifornien gebaute Disneyland, enthielt einen Tomorrowland genannten Bereich, in dem auf unterhaltsame Weise dargestellt wurde, wie das Leben der Menschen in der Zukunft aussehen könnte. Die Ideen für die Gestaltung einer solchen Zukunftsshow, ebenso wie wichtige Anregungen

73

für die organisatorische Struktur und Aufbau des gesamten Themenparks, hatte Disney von der Weltausstellung 1939 in New York übernommen, die ihn sehr beeindruckt hatte. Diese Ausstellung hatte neben den üblichen Pavillons einzelner Länder vor allem aus Gebäudekomplexen zu unterschiedlichen technischen Themenbereichen bestanden, in denen einige namhafte amerikanische Konzerne einem breiten Publikum die neuesten technischen Errungenschaften und ihre vermeintlichen Auswirkungen auf das Alltagsleben präsentierten.

Geprägt von dem selben Blick auf die Zukunft und dem Wunsch, diesen wie die Weltausstellung weiter zu vermitteln, integrierte Walt Disney bereits in seinem ersten Tomorrowland einige von bedeutenden Konzernen gesponsorte Attraktionen, bei denen Disney den Unternehmen die Möglichkeit gab, der amerikanischen Bevölkerung ihr Bild von der Zukunft darzustellen. So wurde 1957 in Disneyland ein damals aufsehenerregendes Gebäude mit dem Namen Monsanto Home of the Future errichtet. Das vom (heute vor allem wegen seiner intensiven Tätigkeit in Bereich der Gentechnologie bekannten) Chemiekonzern Monsanto gesponsorte Haus war von Ingenieuren des Massachussettes Institute of Technology gestaltet worden. Es bestand aus mehreren aus Fiberglas hergestellten Modulen, die zu einem kreuzförmigen Grundriß zusammengesetzt wurden und zeigte im Inneren eine Zusammenstellung der seinerzeit modernsten Haushaltsgeräte und Möbel.

Nach dieser erfolgreichen Kooperation mit Sponsoren aus der Industrie, und nachdem Disney auf der zweiten Weltausstellung in New York 1964 selbst aktiv dazu beigetragen hatte für die Industriekonzerne unterhaltsam zu werben, plante Disney, seine neue Stadt EPCOT ebenfalls mit der Hilfe großer Konzerne zu finanzieren, die so die Möglichkeit bekommen hätten, ihre Fähigkeiten zu demonstrieren.

Doch der frühe Tod des Konzernchefs 1966 verhinderte, daß EPCOT in der von ihm geplanten Form Wirklichkeit werden konnte. Während seine Nachfolger Disney World wie geplant bauen ließen, gaben sie Disneys Projekt einer Modellstadt eine völlig neue Wendung. Anstelle einer dauerhaft bewohnten Siedlung wurden lediglich ein Themenpark mit Namen EPCOT sowie Hotels und eine Feriensiedlung für die Gäste des Themenparks errichtet.

Mit den in EPCOT gezeigten „Attraktionen" aber schrumpfte der Anspruch, einen Einblick in die Welt der Zukunft zu ermöglichen, auf eine Handvoll um einen See gruppierter Bereiche, in denen jeweils ein Land auf kitschig verklärte Weise dargestellt wird, und einige High-Tech-Shows, die von amerikanischen Konzernen gesponsort worden sind. Ganz im Sinne Walt Disneys, der sich selbst als jemanden gesehen hatte, der für die Industrie bestimmte Vorstellungen von der Zukunft an die Öffentlichkeit vermitteln konnte, wurde so der 1982 eröffnete EPCOT-Themenpark eine

Leistungsschau führender amerikanischer Unternehmen wie General Motors, ITT, Exxon, Eastman Kodak und Kraft Foods, die mit Hilfe von Disneys Know-how unterhaltsam gestaltet wurde und in dem Fortschritt als ein Ergebnis der Bemühungen großer Konzerne dargestellt wird (vgl. Zukin 1991).

Eine futuristische Idealstadt

1965 begann Walt Disney, die Planungen für seine Modellstadt EPCOT zu konkretisieren und beauftragte ein Team von Designern und Architekten seines Konzerns, Entwürfe für die Siedlung auszuarbeiten. Die Planer gehörten überwiegend der Imagineering genannten Arbeitsgruppe an - eine 1952 gegründete Abteilung, die bis heute für die Gestaltung der Themenparks zuständig ist und die in Disney-typischer Manier als Namen einen Neologismus aus *imagination* und *engineering* trägt.

Disneys Vorstellungen entsprechend entwickelten die Imagineers eine Stadt, in der die zukünftige Bevölkerung wohnen, arbeiten und ihre Freizeit verbringen könnte. Die einzelnen Funktionen sollten räumlich voneinander getrennt, aber durch ein effizientes Nahverkehrssystem miteinander verbunden werden, wobei Disney sich ein Monorail genanntes Einschienenbahnsystem vorstellte, das er schon in den fünfziger Jahren von einer Schweizer Firma entwickeln lassen hatte und das seitdem als Transportmittel für die Besucher seines ersten Themenparks Disneyland im kalifornischen Anaheim diente. Dementsprechend entwarfen die Imagineers ein - für Idealstadtentwürfe durchaus typisches - rationales System einer in etwa kreisförmigen Siedlung mit einem großen Gebäudekomplex als zentralem Einkaufs- und Freizeitbereich, in dem sich zwei Dutzend Linien eines schienengebundenen Verkehrssystems treffen sollten. An diesen Nahverkehrslinien sollten wiederum die einzelnen Wohn- und Gewerbequartiere, voneinander durch Grüngürtel getrennt, liegen.

Bei der Planung von EPCOT wurde den Gewerbegebieten besondere Aufmerksamkeit geschenkt, denn Disney brauchte zur Durchführung des Projektes Unternehmen, die bereit waren, hier Arbeitsplätze zu schaffen. Die kreisförmigen, um einen Monorail-Bahnhof gelegenen Gewerbegebiete sollten jeweils aus mehreren tortenstückartig geformten Industriegebäuden bestehen. Trotz dieser hervorragenden Nahverkehrsanbindung sollten alle Gewerbeflächen aber gleichzeitig auch mit noch großzügigen Angestelltenparkplätzen ausgestattet werden und auch der Zulieferverkehr für die Betriebe sollte über das Straßennetz erfolgen.

Der zentrale Gebäudekomplex von EPCOT sollte als Einkaufs- und Freizeitbereich dienen und für alle Bewohner gut über die sich hier treffenden radialen Monorail-Linien erreichbar sein. Der Komplex war als ein klimatisiertes künstliches Stadtzentrum geplant, das unter einem gigantischen, eine Fläche von über 200.000 Quadratmeter überspannenden Glasdach liegen sollte. Im Inneren sollte es in mehrere Teilbereiche untergliedert werden, die als Erlebniszonen fungieren und durch eine kleinteilige Gestaltung Aufenthaltsqualitäten und Abwechslungsreichtum eines traditionellen Stadtzentrums simulieren sollten. Die Hauptaufenthaltsebene mit Geschäften und Freizeiteinrichtungen war als Fußgängerbereich gedacht. Deshalb sollte der Automobilverkehr im Zentrum unter die Erde verbannt werden, während auf einer höhergelegenen Ebene die auf Stelzen geführten Bahnlinien, deren Bahnhöfe und der zentrale Umsteigebereich liegen sollten. Als vertikale Dominante des gesamten Projekts war ein Hotelhochhaus mit über dreißig Stockwerken geplant (vgl. Marling).

Von dieser Vision Walt Disneys sind in dem nach seinem Tod tatsächlich realisierten EPCOT-Themenpark und in den umgebenden Hotelkomplexen allerdings nur bescheidene Elemente übrig geblieben. So präsentiert sich EPCOT heute mit seinen einzelne Länder darstellenden Bereichen und seinen als Future World bezeichneten, von der Industrie gesponsorten Technikshows als eine bescheidene Dauer-Weltausstellung, deren dominantes Gebäude eine große globusartige Kugel ist.

Daneben sind auf dem Disney-Gelände in Orlando noch Rudimente der Planungen für das ursprüngliche EPCOT erkennbar. Die geplante Monorail wurde tatsächlich gebaut, doch nicht als Teil eines hypermodernen Verkehrskonzepts einer echten Stadt, sondern als auf Stelzen durch die Landschaft geführte Einschienenbahn, mit der die Touristen von ihren Hotels zu den einzelnen Themenparks gelangen können. Die modernistische Gestaltung der Gebäude dagegen blieb abgesehen von den Pavillons der Konzerne im EPCOT-Themenpark weitgehend aus. Die meisten der Hotelanlagen rund um Disney World sind heute ebenso historisierend und farbenfroh gestaltet wie die Themenparks selbst.

Die einzige Ausnahme bildet das Anfang der siebziger Jahre unter der Bezeichnung Contemporary Hotel errichtete Gebäude, dessen Name darauf verweist, daß im Gegensatz zu den meisten anderen Hotels, deren Gestaltung einem historischen oder regionalen Motiv nachempfunden ist, hier die zeitgenössische Architektur das verarbeitete „Thema" ist. Beim Bau dieses Hotels erprobte Disney in Zusammenarbeit mit dem Stahlkonzern US Steel ein damals neues Modulbausystem, bei dem die 1450 einzelnen Gästeräume inklusive Innenausstattung vorgefertigt wurden, zur Baustelle transportiert und dort in ein großes Stahlgerüst so eingehängt wurden, daß sie ein großes Atrium umschließen. Mit diesem überdachten und klimatisierten Innenhof, in den die Monorail direkt einfährt, ist das Contemporary Hotel heute die einzige architektonische Reminiszenz an die modernistischen Konzepte des ursprünglichen Planes für EPCOT.

Stadt der Kontrolle

Als Disney sein Projekt EPCOT plante, wollte er aber nicht nur technologischen Fortschritt im Sinne der Industrie propagieren und mit der modernen Gestaltung einer Stadt verbinden. Gleichzeitig wollte er dabei auch ein entsprechendes privatwirtschaftiches Modell der sozialen Organisation eines Gemeinwesens schaffen. Die Grundlage dafür sollte eine umfassende Kontrolle der Bewohner durch den Unterhaltungskonzern sein. So beschrieb Walt Disney in einem Vortrag seine Vorstellungen von EPCOT:

„It's like the city of tomorrow ought to be, a city that caters to the people as a service function. It will be a planned, controlled community, a showcase for American industry and research, schools, cultural and educational opportunities. In EPCOT there will be no slum areas because we won't let them develop. There will be no landowners and therefore no voting control. People will rent houses instead of buying them, and at modest rentals. There will be no retirees. Everyone must be employed. One of our requirements is that the people who live in EPCOT must help to keep it alive." (zitiert in: Thomas, S. 349)

Das heißt, Disney verstand die ganze Stadt als eine Aneinanderreihung von Dienstleistungsfunktionen, die er in EPCOT alle durch seine Firma kontrollieren lassen wollte. Es wäre also ein Gemeinwesen geworden, in dem er nicht nur das Wohnen, sondern auch die Bildungseinrichtungen, die kulturellen Institutionen und die Beschäftigungsverhältnisse der Bewohner kontrolliert hätte. Darüber hinaus plante Disney für die Bürger seiner Modellstadt weitreichende Verhaltensregeln. Haustiere sollten verboten sein, Kleidervorschriften für alle Einwohner erlassen werden und gemeinsame Übernachtungen unverheirateter Paare oder Trunkenheit hätten zum Hinauswurf aus der Stadt geführt. Doch Disney begnügte sich nicht mit diesem weitreichenden Einfluß auf die unterschiedlichsten Lebensbereiche der Menschen in EPCOT, sondern plante gleichzeitig, wie aus seinen Äußerungen deutlich wird, die lokalen demokratischen Mitbestimmungs-möglichkeiten der Bevölkerung durch die Besitzverhältnisse und die weitreichenden Rechte, die ihm für sein Gelände von der Regierung Floridas eingeräumt worden waren, einzuschränken.

Auf diese Weise hätte Disney ein Modell für die Organisation eines Gemeinwesens durch private Unternehmen geschaffen, das gleichzeitig die Leistungskraft der amerikanischen Wirtschaft demonstriert hätte und damit ein werbewirksamer Prototyp einer privatwirtschaftlich organisierten Dienstleistungsgesellschaft geworden wäre. Doch Disneys Nachfolgern erschien dieses Projekt zu umfassend, und sie scheuten sich vor der großen Verantwortung, die mit einem so ambitionierten Vorhaben verbunden war. Statt dessen bauten sie nur den bescheideneren EPCOT-Themenpark und die dazugehörigen Hotel- und Ferienwohnungsanlagen - und Walt Disneys konservative Utopie blieb vorerst eine Vision (vgl. Zukin 1991).

10. Die Neuerfindung der amerikanischen Kleinstadt

Boomtown im Gunbelt

Walt Disneys Pläne aus den sechziger Jahren für eine modellhafte neue Stadt blieben unrealisiert, doch seit Mitte der achtziger Jahre erwog man im Management des Disney-Konzerns wieder, auf dem firmeneigenen Gelände in Orlando eine größere Siedlung zu errichten. Ein Teilgelände des riesigen, in den sechziger Jahren erworbenen Areals war aufgrund seiner Lage in der Nähe zweier Highways und eines Naturschutzgebietes nicht für touristische Zwecke nutzbar. Doch seit den ersten Investitionen des Disney-Konzerns hatte es ein immenses Bevölkerungswachstum in der Region gegeben, so daß die besiedelte Fläche mittlerweile bis an die Grenzen des einstmals weit vor der Stadt liegenden Disney-Geländes heranreichte und damit für den Disney-Konzern eine Wohnbebauung auf dem Teilgelände zunehmend attraktiv werden ließ.

Die wirtschaftliche Entwicklung hielt in den folgenden Jahren an und hat so den Anreiz, das Gelände zu erschließen, noch weiter verstärkt. Disneys Investitionen haben Orlando nämlich nicht nur eine boomende Tourismusindustrie mit über hunderttausend Arbeitsplätzen in der Region eingebracht, sondern der Stadt auch einen hohen Bekanntheitsgrad und ein hervorragendes Image bei der amerikanischen Wirtschaft verschafft. Auf dieser Grundlage konnte sich Orlando auch als Standort für viele weitere Branchen etablieren. Dabei spielt die Rüstungsindustrie eine besondere Rolle, die hier schon in der Nachkriegszeit die ersten Produktionsstätten errichtet hatte, und die in den vergangenen Jahren fast ausschließlich in Regionen investiert hat, die wie Orlando als Gegenden ohne große ethnische Konflikte und mit vorwiegend mittelständischer weißer Bevölkerung gelten (vgl. Zukin 1995).

Orlandos Entwicklung ist damit eine der typischen Erfolgsstorys des sogenannten *sunbelt*, d.h. der Südstaaten-Region, in dem die meisten der boomenden Ballungsräume der USA liegen. Die gängige Interpretation des extremen Wachstums solcher Stadtregionen als eine Folge von Wanderungsbewegungen hochmobiler Wirtschaftsbranchen und Arbeitskräfte in den sich vom altindustriellen Nordosten vor allem durch das angenehmere Klima unterscheidenden Süden, wie es der Begriff *sunbelt* impliziert, ist aber zu kurz gegriffen. Denn auch die Großstadtregionen im kühlen Nordwesten, wie Seattle oder Portland, einige Städte in der Rocky Mountains-Region, wie Denver, und die Bundesstaaten Connecticut und Massachussettes im Nordosten gehören zu den Gewinnern der wirtschaftlichen Veränderungen der letzten Jahrzehnte.

Plausibler sind deshalb Erklärungsansätze, die auch die politischen und gesellschaftlichen Verhältnisse mit einbeziehen. So weisen zum Beispiel Richard Bernard und Bradley Rice darauf hin, daß der Boom bestimmter Regionen vor allem auf die von staatlichen Aufträgen abhängige Rüstungsindustrie zurückzuführen ist, deren Entwicklung in den als konservativ geltenden Staaten des Südens und Westens von republikanischen Politikern auf Bundesebene gefördert wurde, wohingegen die altindustriellen Staaten des Nordostens als Hochburgen der Demokraten und Gewerkschaften kaum von solchen Aufträgen profitieren konnten (vgl. Bernard und Rice). Ann Markusen fand bei ihren Untersuchungen die Bedeutung der Rüstungsindustrie und -politik für die Entwicklung der Südstaaten-Städte bestätigt und hat dementsprechend dem leichtfertig verwendeten Begriff des *sunbelt* den kritischeren Begriff *gunbelt* entgegengestellt (vgl. Markusen).

Auch in der Region Orlando wird diese Rolle der Rüstungsindustrie deutlich, denn einige der bedeutendsten amerikanischen Konzerne dieser Branche haben mittlerweile wichtige Produktions- und Forschungseinrichtungen hierher verlagert. So produzieren in Orlando z.B. Litton Laser Systems und Westinghouse Electric Corporation elektronische Bauteile und Systeme für Boden- und Luftkampf, und der größte US-Rüstungskonzern, Martin Marietta, siedelte hier die Produktion seiner Pershing-Raketen an. Doch auch Unternehmen anderer Branchen haben in Orlando neue Arbeitsplätze geschaffen, insbesondere im Dienstleistungssektor. So ist die Region mittlerweile der Standort der Zentralen von Unternehmen wie Tupperware, der American Automobile Association (dem amerikanischen Pendant zum ADAC) und fünf großen Versicherungsgesellschaften.

In den letzten zwanzig Jahren stieg so die Zahl der Arbeitsplätze insgesamt von unter 200.000 auf fast 700.000. Dieser ungeheuren wirtschaftlichen Anziehungskraft entsprechend hat sich die Einwohnerzahl der Region Orlando in den letzten 25 Jahren verdreifacht. Mittlerweile leben über 1,5 Millionen Menschen in der Agglomeration, die weiterhin statistisch gesehen jeden Tag hundert Zuwanderer anzieht. Die aus diesem Bevölkerungswachstum resultierende, ständig wachsende Nachfrage nach Wohnraum auch am Rande des Großraums Orlando brachte die Walt Disney Corporation schließlich Anfang der neunziger Jahre dazu, das schon länger erwogene Vorhaben einer neuen Siedlung auf dem firmeneigenen Gelände tatsächlich in Angriff zu nehmen.

Stadt aus dem Baukasten

Bei der Planung der neuen Siedlung nahm der Disney-Konzern bewußt von dem verbreiteten Schema einer automobilgerechten, fußgängerfeindlichen Aneinanderreihung von Einfamilienhäusern Abstand. Allerdings war diese

Möglichkeit in den achtziger Jahren zunächst noch erwogen worden. Seit damals herrscht in Florida ein fast ununterbrochener Bauboom für solche monofunktionalen, oft durch Umzäunungen gesicherten Siedlungen und die Walt Disney Company hat nicht wenige davon errichtet. Denn in den achtziger Jahren gehörte dem Unterhaltungskonzern zeitweilig das Immobilienunternehmen Arvida, das zu den größten Developern solcher Anlagen in Florida gehört. Doch bereits nach wenigen Jahren verkaufte Disney diese Tochterfirma wieder und die von Arvida für das heutige Celebration-Gelände erstellten konventionellen Pläne wurden kurz darauf verworfen. Statt dessen entschied der Konzernchef Michael Eisner, auf dem Gelände Walt Disneys Traum einer Modellstadt in einer neuen Form wiederzubeleben.

Zunächst wurden unterschiedliche Planungs- und Architekturbüros beauftragt, Ideen für die neue Siedlung zu entwickeln, darunter auch die Architekten Andres Duany und Elisabeth Plater-Zyberk, die als bedeutende Vertreter des New Urbanism gelten und für ihre Bemühungen bekannt sind, neotraditionelle Siedlungen zu lancieren, bei denen das städtebauliche Gesamtkonzept und die architektonische Gestaltung der räumlichen Struktur und dem Aussehen einer gewachsenen, älteren Kleinstadt nachempfunden sind. Eisner war von diesen Ideen sehr angetan, beauftragte mit der Ausarbeitung eines diesen Vorstellungen entsprechenden Masterplans dann aber die für ihren historisierenden, postmodernen Stil bekannten New Yorker Architekten Robert A.M. Stern und Jaquelin T. Robertson. Dabei dürfte vor allem die enge Verbindung zwischen Eisner und Stern den Ausschlag gegeben haben, die ja auch dazu geführt hat, das Stern sogar Aufsichtsratsmitglied der Walt Disney Corporation ist - eine Maßnahme, die auch die Ernsthaftigkeit und Bedeutung der stadtplanerischen Ambitionen des Konzerns reflektiert.

Bei der Planung der Siedlung Celebration hätte die Arbeitsgemeinschaft aus Sterns Büro, Robertsons Büro und der Disney Development Company freie Hand haben können, denn Celebration lag auf dem Gelände, für das dem Disney-Konzern 1967 im Reedy Creek Improvement District-Abkommen vom Bundesstaat Florida umfassende Rechte und weitgehende Planungsfreiheit übertragen worden waren. Doch mit 20.000 neuen Bewohnern wäre der Trick, mit dem sich Disney die vollkommene Kontrolle über das Gebiet sicherte, nicht mehr anwendbar gewesen. Denn das konzerneigene Gelände hatte ja den Status einer eigenständigen politischen Verwaltungseinheit, deren einzigen Wähler einige Disney-Manager waren, die sich selbst als „Regierung" wählten. Mit den neuen Einwohnern von Celebration aber hätte der Disney-Konzern diese Macht mit wirklichen Wählern teilen müssen.

Um diesem Problem aus dem Weg zu gehen, und den rechtlichen Status des restlichen Geländes zu erhalten, gliederten die Disney-Planer das

Celebration-Gelände kurzerhand aus dem Reedy Creek Improvement District aus und nahmen dafür in Kauf, daß sie nun den Auflagen der Planungsbehörden des dann zuständigen Landkreises Osceola County unterlagen. Während jedoch der Großteil des Disney-Geländes und der Boomregion Orlando im Gebiet des Landkreises Orange County liegen, der in den letzten Jahren begonnen hat, dem Disney Konzern gegenüber selbstbewußter aufzutreten und mehr Zugeständnisse von Disney zu verlangen, liegt Celebration noch etwas weiter außerhalb von Orlando, am äußersten Rand der Region, und damit bereits auf dem Gebiet des Osceola County. Dieser nach wie vor ländlich geprägte Landkreis hat jedoch bisher kaum von der wirtschaftlichen Entwicklung Orlandos profitieren können, so daß dessen politische Vertreter über Disneys Investitionen sehr erfreut sind, und sich den Vorstellungen des Konzerns gegenüber sehr aufgeschlossen zeigen (vgl. Knack).

Das Gelände des Disney-Konzerns liegt etwa 20 Kilometer südwestlich von Orlando. Dort befinden sich die Vergnügungsparks Disney World und EPCOT sowie die dazugehörigen Hotelanlagen. Das Gebiet, auf dem Celebration liegt, ist im südlichen Teil des firmeneigenen Geländes und umfaßt etwa 2000 Hektar. Die Siedlung soll nach der Fertigstellung einmal 20.000 Einwohner haben, für die bis dahin 8.000 Wohneinheiten gebaut werden. Das Wohngebiet ist jedoch in mehrere Bauabschnitte eingeteilt, die im Laufe von 10 Jahren erst nach und nach errichtet werden. Die ersten Gebäude im Ortskern mit 470 Wohneinheiten wurden Ende des Jahres 1996 fertiggestellt. In den folgenden drei Jahren kamen dann ständig Einfamilienhäuser hinzu. 1999, als die Stadt bereits etwa 2.500 Einwohner hatte, wurde planmäßig mit der nächsten Ausbaustufe, dem Ortsteil South Village, begonnen.

Ein Teil des Projektbereichs wurde allerdings nicht als Wohngebiet, sondern als Gewerbegebiet erschlossen, in dem auch das Verwaltungs-gebäude der Disney Development Company liegt, der Tochtergesellschaft des Disney-Konzerns für alle Aktivitäten im Bereich der Stadtplanung. Obwohl es hier einzelne architektonisch hervorstechender Bauten gibt - ein Gebäude ist von dem italienischen Stararchitekten Aldo Rossi entworfen worden - handelt es sich aber vom städtebaulichen Konzept her um einen recht konventionellen Büropark.

Bei der Planung von Celebration wurde ganz bewußt darauf verzichtet, die Stadt mit Zäunen, Gräben und Mauern zu umgeben, und im Eingangsbereich Schranken und Wärterhäuschen einzurichten, obwohl klar war, daß solche Ausstattungmerkmale einer *gated community* heute bei den meisten neu errichteten größeren Siedlungen in Florida üblich sind. Doch auch ohne diese Maßnahmen wird den Bewohnern von Celebration eine gewisse Exklusivität gesichert. Denn im Nordwesten ist die neue Stadt von einem Golfclub umgeben und im Südosten von einem See und einem

Naturschutzgebiet mit subtropischer Vegetation. Dieser Grüngürtel wird lediglich an zwei Stellen für die Zufahrtsstraße unterbrochen, so daß kaum mit Durchgangsverkehr oder Passanten zu rechnen ist.

Der Masterplan von Robert A.M. Stern und Jaquelin T. Robertson unterscheidet sich erheblich von dem üblichen automobilgerechten und funktionsentmischten Schema amerikanischer Vorortsiedlungen und ist statt dessen nach einem Prinzip entworfen worden, das sich an der Struktur einer gewachsenen amerikanischen Kleinstadt mit einem verdichteten Zentrum orientiert. Deshalb sind die Wohngebiete in Celebration nicht, wie in den typischen amerikanischen *suburbs* der Nachkriegszeit üblich, einfach eine Aneinanderreihung von gleich großen, freistehenden Einfamilienhäusern mit großzügigen Gärten, die an überbreiten Erschließungsstraßen und einer Vielzahl von Sackgassen liegen. Vielmehr werden hier auf vergleichsweise knapp bemessenen Grundstücken unterschiedlich große Wohnhäuser errichtet, die mit einem durch leichte Schwünge belebten Straßenraster erschlossen werden. Dadurch werden die möglichen Querverbindungen vervielfacht und die Wege so verkürzt, daß sie gut zu Fuß oder mit dem Fahrrad zu bewerkstelligen sind. Vor allem aber sind diese Verbindungen nicht auf ein getrennt von der Siedlung gelegenes Einkaufszentrum ausgerichtet, sondern auf den verdichteten, gemischt genutzten Ortskern, der im mittleren südlichen Bereich der Siedlung an einem künstlich geschaffenen See liegt.

Die Wohngebiete der Siedlung sind für amerikanische Verhältnisse sensationell fußgängerfreundlich. Zum einen sind, während ansonsten in den amerikanischen Einfamilienhausgebieten oft gar keine Bürgersteige existieren, in Celebration alle Straßen mit Trottoirs ausgestattet. Zum anderen sind, als verkehrsberuhigende Maßnahme, die Straßen im Vergleich zu herkömmlichen suburbanen Wohngebieten in den USA sehr schmal gehalten. Für zusätzliche Aufenthaltsqualität für Fußgänger sorgen außerdem eine Reihe von größeren, unterschiedlich gestalteten Plätzen, die mit Grünanlagen und Spielplätzen versehen sind und über das Wohngebiet verteilt jeweils in der Mitte eines Quartiers liegen.

Darüber hinaus wird in Celebration das bisher in den *suburbs* dominante Automobil auch symbolisch in den Hintergrund gedrängt, denn hier wird das Straßenbild nicht wie üblich von großen Garagenauffahrten beherrscht, sondern von kleinen Vorgärten, da die Garagen in den hinteren Grundstücksbereich verlegt wurden.

Während in herkömmlichen amerikanischen Wohngebieten meist alle Grundstücke gleich groß sind und die so geförderte soziale Homogenität einer Siedlung erwünscht wird, soll in Celebration durch eine Mischung von verschiedenen Gebäudetypen und Grundstücksgrößen die Ansiedlung unterschiedlicher Bevölkerungsgruppen unterstützt werden. Deshalb gibt es hier neben einigen größeren villenartigen Häusern vor allem freistehende

82

Einfamilienhäuser, Reihenhäuser und - im verdichteten Ortskern - auch ein Dutzend mehrgeschossiger Apartmenthäuser.

Im Ortskern finden sich zwischen diesen Apartmenthäusern, bei denen in den oberen beiden Geschossen Wohnungen und in den Erdgeschoßbereichen eine Reihe von Geschäften untergebracht sind, einige Gebäude, die ausschließlich bestimmten Versorgungszwecken dienen, wie das Rathaus, die Post, eine Bank, und ein Kino. Auf diese Weise entsteht ein kleines Zentrum, in dem Wohnnutzungen mit anderen Einrichtungen koexistieren. Die Wiederbelebung dieser traditionellen Form eines Ortskerns mit Mischnutzung ist eine erhebliche Erneuerung, denn üblicherweise wird die Versorgung mit Gütern des täglichen Bedarfs in suburbanen Siedlungen der USA durch am Rande des Gebietes liegende Einkaufszentren gewährleistet.

Trotzdem unterscheidet sich der Grundriß des Zentrums von Celebration erheblich von einem wirklich gewachsenen, älteren Ortskern, denn die Blockinnenbereiche der Baublöcke werden fast vollständig von riesigen Parkplätzen eingenommen. Es scheint deshalb, daß trotz der groß angekündigten Fußgänger- und Fahrradfreundlichkeit diese Fortbewegungsweisen in Celebration wohl doch nicht als Verkehrsmittel gesehen werden, sondern lediglich als Freizeitbeschäftigung. Denn einerseits wird mit der großzügigen Parkplatzversorgung im Zentrum der Gewohnheit der amerikanischen Vorortbewohner, für sämtliche Einkäufe und Erledigungen das Auto zu benutzen, Rechnung getragen. Und andererseits bleibt Celebration als eine Stadt, die nach ihrer Fertigstellung einmal 20.000 Einwohner haben soll, für die aber keinerlei öffentlicher Personennahverkehr vorgesehen ist, weit davon entfernt, auch wirklich neue Akzente in der Verkehrsplanung für neue suburbane Wohngebiete zu setzen.

Nichtsdestotrotz sind die Bemühungen, in Celebration durch die städtebauliche Gestaltung urbane Qualitäten zu schaffen, klar erkennbar. Eine Water Street genannte Hauptstraße, in deren Mitte es einen kleinen künstlichen Wasserlauf gibt, durchquert das gesamte Wohngebiet und führt von Norden nach Süden in das Zentrum. An ihrem nördlichen Ende ist als Blickpunkt der Eingang zum das Gelände im Norden und Westen umgebenden Golfclub repräsentativ ausgebaut, während der Kreuzungsbereich mit einer weiteren Haupterschließungsstraße im Ortskern als Platz mit dem Namen Market Place ausgebildet ist, der mit Blumen, Bänken, und Brunnen zum Verweilen einlädt. An ihrem südlichen Ende trifft die Hauptstraße dann auf den See, an dessen Ufer hier im zentralen Bereich die als Promenade gestaltete und dementsprechend als Front Street bezeichnete Straße verläuft, an der ebenfalls versucht wurde, durch eine reichhaltige Straßenmöblierung Aufenthaltsqualität zu schaffen.

Ebenso ambitioniert wie das städtebauliche Konzept ist auch die Architektur Celebrations, denn in den vergangenen Jahrzehnten ist wohl keine andere Siedlung gebaut worden, bei der die verantwortlichen Planer sich so konsequent um ein durchgehendes, historisierendes Stadtbild bemüht haben. Dabei haben die Bewohner die Möglichkeit, über die Gestaltung ihres Hauses mitzuentscheiden. Sie sind allerdings gehalten, sich ihr Haus aus einzelnen Elementen zusammenzustellen, die sie einer Art Baukasten-System zu entnehmen haben.

Für diesen Zweck haben sich die Disney-Planer von dem Pittsburgher Büro UDA des Architekten Raymond Gindroz ein Celebration Pattern Book genanntes Muster-Buch erstellen lassen, in dem bis ins kleinste Detail geregelt ist, welche gestalterischen Elemente verwendet werden dürfen. Dabei müssen sich die Bewohner zunächst für einen von sechs möglichen historisierenden Typen mit den Namen Classical, Victorian, Coastal, Mediterranian, French oder Colonial Revival entscheiden. Haben sie einen dieser Typen ausgewählt, können sie dann ihr Haus aus den im Celebration Pattern Book für den jeweiligen Stil festgelegten Gestaltungselementen zusammenstellen.

Diese Typen sind von den beteiligten Architekturbüros nach umfangreichen Studien traditioneller Südstaaten-Architektur kreiert worden. Zunächst wurden die wesentlichen Merkmale gut erhaltener historischer Südstaaten-Städte wie Charleston oder Savannah und die Besonderheiten der Gartenstädte in Florida, wie Coral Gables untersucht. Diesen Vorbildern wurden dann die möglichen Stile nachempfunden, wobei das jeweils entscheidende Kriterium war, daß ein Stil dazu beitragen könne, die erwünschte Kleinstadtatmosphäre zu erzeugen.

Das Bemerkenswerte an dieser Architektur ist allerdings nicht so sehr die historisierende Gestaltung der Einfamilienhäuser als solche, denn die ist in den USA gang und gäbe. Außergewöhnlich ist vielmehr, daß hier versucht wird, mit Hilfe eines umfangreichen Regelwerkes Einheitlichkeit und Vielfalt miteinander zu verbinden, um dadurch ein geschlossenes, romantisierendes Stadtbild zu schaffen, das gleichzeitig die langsam entstandene Vielfalt einer älteren Stadt simuliert.

In ähnlicher Weise wie die Gestaltungsrichtlinien für das Wohngebiet ist auch die Architektur des Ortskerns darauf ausgerichtet, Kleinstadtatmosphäre zu schaffen. Denn die von Stern und Robertson gestalteten, wie die meisten Gebäude in Pastelltönen gehaltenen, Apartmenthäuser mit ihren Geschäften im Erdgeschoßbereich und ihren Arkaden entsprechen der verbreiteten Vorstellung einer alten *main street* in einer historischen Südstaaten-Stadt.

Darüber hinaus wurden einzelne Symbole eines kleinstädtischen Stadtzentrums als Versatzstücke verwendet, um den Eindruck entstehen zu lassen, es handele sich um das „komplette" Zentrum einer Ortschaft. Um diese Gebäude besonders hervorzuheben wurden bekannte Vertreter der Postmoderne als Architekten bemüht.

Die Qual der Wahl: *Bewohner der Siedlung Celebration müssen beim Bau eines Einfamilienhauses einen von sechs historisierenden Stilen verwenden: Victorian (oben links), Colonial Revival (oben rechts), Mediterranian (Mitte links), Coastal (Mitte rechts), Classical (unten links) oder French (unten rechts). Haben sie sich für einen der Typen entschieden, können sie sich ihr Haus aus einer Art Baukastensystem zusammenstellen.*

So stammt der Entwurf für die farbenfrohe örtliche Bank von Robert Venturi und Denise Scott Brown. Das winzige Postamt von Michael Graves dagegen fällt durch eine Eingangsrotunde auf, so daß man es auch in Zeiten der Marktführerschaft privater Paketdienste nicht übersehen kann. Das Kino wurde von Cesar Pelli vergleichsweise „modern" gestaltet und imitiert den Art Deco-Stil der zwanziger Jahre. Schließlich wurde ein als *town hall* bezeichnetes, nur dezent historisierendes, aber dafür üppig mit Säulen ausgestattetes Gebäude vom Doyen der Postmoderne, Philip Johnson, gestaltet.

Wie ernst der Unterhaltungskonzern Disney seinen Einstieg in den Stadtplanungssektor nimmt, zeigt, neben der Verpflichtung namhafter Architekten, auch die Höhe der getätigten Investitionen. Die Gesamtkosten für das Projekt Celebration belaufen sich auf etwa 2,5 Milliarden Dollar, wovon etwa 100 Millionen Dollar für die Entwicklungskosten und die Infrastruktur veranschlagt sind, die vom Disney-Konzern direkt investiert werden. Außerdem werden die Häuser im Ortskern von der Celebration Company gebaut, die auch Besitzerin der Gebäude bleiben wird und die darin befindlichen Wohnungen, Büros und Geschäftsräume vermieten wird. Für die Einfamilienhäuser im Wohngebiet dagegen wurden von der Celebration Company verschiedene Baufirmen ausgewählt, die die Gebäude für die Hausbesitzer errichten.

Die Preise für diese Häuser betragen zwischen 140.000 und 900.000 Dollar und liegen damit etwa 30 % über den in der Region marktüblichen Preisen für in Größenordnung und Ausstattung vergleichbare Häuser. Neben Disneys Gewinnen und den Ausgaben für die besonderen Angebote in Celebration sind diese Kosten auf die besonderen Bemühungen um die Gestaltung zurückzuführen. Allein 15 % des Preises werden von Disney für die Kosten des hohen gestalterischen Aufwandes veranschlagt (vgl. Steiner).

Die Vermarktung der Baugrundstücke des ersten Bauabschnitts wurde durch intensive Werbemaßnahmen gefördert, die gleichzeitig auch als Kampagne für das Gesamtprojekt und das zugrundeliegende Konzept dienen. So wurde gleich zu Beginn der Baumaßnahmen ein Preview Center genanntes Verkaufsbüro und Informationszentrum errichtet, das zeitweise monatlich etwa 10.000 Besucher anziehen konnte. Es ist eines der von Stararchitekten gestalteten öffentlichen Gebäude im Zentrum und wurde posthum nach einem Entwurf von Charles Moore gebaut. Der mittlerweile verstorbene prominente Vertreter der Postmoderne gestaltete das Gebäude auffallend farbenfroh und versah es mit einem großen Turm, der den Interessenten eine Aussicht über die ganze Stadt bietet. Außerdem wurden im Wohngebiet mehrere Musterhäuser errichtet, um zukünftigen Bewohnern die Auswahl des ihnen zusagenden Stils zu erleichtern und interessierten Besuchern als potentiellen zukünftigen Kunden die Gestaltungsprinzipien von Celebration zu demonstrieren.

Das offenbar marktgerechte Gesamtkonzept, das positive Image des Disney-Konzerns und die genannten Werbemaßnahmen haben von Beginn an zu einer immensen Nachfrage geführt. Für die 460 Wohneinheiten des ersten Bauabschnitts gab es über 5.000 Bewerber, so daß die Anrechte vom Disney-Konzern werbeträchtig verlost wurden. Bei der Tombola Anfang 1996, zu deren Teilnahme immerhin eine Anzahlung notwendig war, waren noch 1.200 Interessenten mit von der Partie, und die ersten der glücklichen Gewinner konnten bereits im Sommer 1996 in die frühzeitig fertiggestellten Apartmentgebäude im Ortszentrum einziehen.

Um zu vermeiden, daß sich für die Lotterie auch Spekulanten melden, die auf einen schnellen Weiterverkauf setzen, mußten sich alle Teilnehmer verpflichten, ihren Verkaufsgewinn an eine karitative Organisation abzuführen falls sie in den ersten drei Jahren nach dem Erwerb ihr Haus verkaufen sollten. Die Nachfrage nach Häusern in Celebration hielt nämlich auch in den folgenden Jahren an. Als 1999 die Grundstücke der South Village genannten zweiten Bauphase auf den Markt kamen, konnte schon am ersten Tag ein Drittel der Anrechte verkauft werden.

Eine patriotische Gemeinschaft

Celebration ist aber nicht nur eine Stadt, die auf der städtebaulichen und architektonischen Ebene neue Maßstäbe setzen soll, sondern deren Anspruch, der Prototyp einer Siedlung des kommenden Jahrtausends zu sein, ebenso auf einer besonderen Form der sozialen Organisation beruht. Denn mit Celebration wird ein Gemeinwesen geschaffen, in dem der Gemeinschaftssinn nicht durch die Eigeninitiative der Bewohner erreicht werden soll, sondern durch vom Disney-Konzern organisierte Maßnahmen, während gleichzeitig die demokratischen Mitbestimmungsmöglichkeiten stark eingeschränkt sind.

Das *town hall* genannte Gebäude in Celebrations Stadtzentrum hat eigentlich einen irreführenden Namen, denn dabei handelt es sich gar nicht um ein Rathaus im eigentlichen Sinne, sondern lediglich um einen Versammlungsraum für Informations- und Unterhaltungsveranstaltungen. Einen Stadtrat oder gar einen frei gewählten Bürgermeister gibt es in Celebration nämlich nicht. Die entsprechenden Aufgaben werden statt dessen von Disney-Tochterunternehmen und der Administration von Osceola County, in dem Celebration liegt, wahr genommen. Als frei gewählte lokale Bürgervertretung existiert dagegen nur eine sogenannte *community association*, die aber keine weitreichenden rechtlichen Befugnisse hat. Ihr Aufgabenbereich beschränkt sich auf das „Verwalten“ von „gemeinschaftlichen Flächen“ und „nachbarschaftlichen Einrichtungen“ (vgl. The Celebration Company) und die Umsetzung ihrer Entscheidungen kann im Zweifelsfall durch ein Veto der Walt Disney Company verhindert werden.

Der Vorbildcharakter der Stadt als ein Ort, in dem *neighborhood* und *community* eine besondere Rolle spielen, soll statt dessen durch vom Disney-Konzern organisierte Maßnahmen zustande kommen. Mit einem bisher einzigartigen Aufwand versuchte die Celebration Company, von Beginn an das soziale Gefüge der Stadt zu beeinflussen. Zu diesem Zweck sind von den Disney-Developern zunächst eine Reihe von Verhaltensregeln aufgestellt worden, an die sich die Bewohner von Celebration zu halten haben.

Verhalten!

Symbolische Demokratie: *Obwohl es in Celebration auf der lokalen Ebene keine demokratischen Mitbestimmungsmöglichkeiten gibt, hat der Disney-Konzern ein Gebäude mit dem Namen* town hall *errichtet. Das „Rathaus" hat zwar keinen Stadtrat oder Bürgermeister, sondern ist nur ein Versammlungsraum. Dafür wurde es aber von Philip Johnson, einem der bekanntesten Architekten des Landes, errichtet.*

Davon ist die wichtigste, daß die Neubürger sich verpflichten müssen, mindestens neun Monate des Jahres zu Hause zu sein. Auf diese Weise wollten die Planer verhindern, daß Celebration das Schicksal anderer neotraditioneller Siedlungen in Florida ereilt, die ebenso ambitioniert gestaltet worden sind, aber in denen die erhoffte Urbanität nie spürbar wurde, weil die Bewohner ihre Häuser als Ferienwohnsitz erworben haben und nur an wenigen Wochen im Jahr dort sind (wie beispielsweise in der Siedlung Seaside an der Westküste Floridas).

Darüber hinaus ist alles verboten, was das idyllische Gesamtbild Celebrations beeinträchtigen könnte. Insbesondere dürfen keine baulichen Veränderungen am Äußeren der Häuser vorgenommen werden, wie zum Beispiel das Verglasen der Veranda. Ebenso ist es nicht erlaubt, ein reparaturbedürftiges Auto auf der Straße abzustellen, oder den Garten so zuwachsen zu lassen, daß er das Aussehen des Quartiers beeinträchtigt, und es ist nicht gestattet, Wäsche im Vorgarten aufzuhängen. Selbst die Art und maximale Zahl verschiedener Pflanzen im Vorgarten ist geregelt, ebenso wie die Farbe der Vorhänge, die weiß sein müssen. Bürger, die gegen diese Vorschriften verstoßen, indem sie beispielsweise rote Vorhänge verwenden, erhalten Mahnungen von den Disney-Kontrolleuren, die von den Bewohnern auch als „Veranda-Polizei" bezeichnet werden (vgl. Frantz und Collins).

Das besondere *community*-Gefühl in Celebration soll aber auch durch den Einsatz hochmoderner Telekommunikation, die in Zusammenarbeit mit dem AT&T-Konzern aufgebaut wurde, gestärkt werden. Damit Celebration als *telecommunity* mit Vorbildfunktion für das neue Jahrtausend gelten kann, sorgt ein Glasfaserkabelnetz dafür, daß alle Schulen, Wohnungen, Arbeitsplätze, Restaurants, Geschäfte, und öffentlichen Einrichtungen miteinander online vernetzt sind.

Durch diese Maßnahmen und ein spezielles Celebration-Netzwerk sollen alle Bürger und Einrichtungen sowohl ständig individuell kommunizieren und Nachrichten für die Allgemeinheit senden oder empfangen können als auch auf dem Laufenden darüber sein, was die Celebration Company an aktuellen Ereignissen zu bieten hat. Die Disney-Planer waren der Auffassung, daß eine maximale Ausstattung mit neuesten Kommunikationsmöglichkeiten soziale Kontakte nicht schwächt sondern stärkt. Deshalb konnten sich diejenigen unter den neuen Bewohnern, die nicht schon selbst Computer und Handys erworben haben, sich diese Geräte von AT&T schenken lassen. Im Gegenzug mußten sie sich bereit erklären, daß alle Informationen über ihr Kommunikationsverhalten, also Dauer und Ziel von Telefonaten, besuchte Internet-Sites, Anzahl von versendeten und empfangenen E-Mails etc., von AT&T gesammelt, aufgezeichnet und zu Marketingzwecken ausgewertet werden (ebd.).

Eine besondere Bedeutung kam bei dem Unterfangen, eine vorbildhafte Gemeinde zu schaffen, dem Bildungsbereich zu. Damit wollten die Disney-Planer dem hohen Stellenwert Rechnung tragen, der dem Niveau der öffentlichen Schulen am Ort als Entscheidungskriterium beim Hauskauf von vielen Bewohnern der amerikanischen *suburbs* beigemessen wird. Dabei hat der Konzern die Lage jedoch offensichtlich falsch eingeschätzt. In Anbetracht der zunehmenden Bedeutung kreativer Fähigkeiten in vielen Branchen der postmodernen Ökonomie und angesichts eines erwarteten hohen Einkommens- und Bildungsniveaus der Einwohner Celebrations, entschied das Disney-Management, eine besonders progressive Schule zu gründen. In Zusammenarbeit mit renommierten Pädagogen wurde ein Konzept entwickelt, das so fortschrittliche Elemente wie altersübergreifende Lerngruppen und Teamarbeit statt herkömmlicher Schulklassen sowie Lernfortschrittsberichte anstelle von Zensuren beinhaltet. Auch das Schulgebäude sollte diesen Anspruch reflektieren und weist kleine Annehmlichkeiten auf: Gemeinschaftsräume, Feuchtbereiche zum Malen und Kochen sowie gemütliche Kaminecken zur Entspannung.

Dieses ambitionierte Vorhaben führte aber in doppelter Hinsicht zu Schwierigkeiten. Einerseits fühlen sich die unterbezahlten Lehrer mit den hohen Ansprüchen überfordert. Andererseits wurden gerade diejenigen unter den Bewohnern von Celebration, die mit einem konservativem Wertesystem und in naivem Glauben an Disneys Traditionsbewußtsein hierher gezogen waren, unzufrieden. Die Walt Disney Company zeigt sich aber gegenüber solchen Einwänden als nicht kompromißbereit.

So wurden ironischerweise gerade diejenigen Bewohner, die ursprünglich ein besonderes Vertrauen in Disney hatten, die ersten, die feststellen mußten, welche unangenehmen Konsequenzen der Mangel an demokratischer Mitbestimmung in Celebration hat. Nachdem sie eine zeitlang heimlich Widerstand organisiert hatten und dann mit ihrer Kritik an die Öffentlichkeit getreten waren, wurde ihnen von der Mehrheit der Bewohner und vom Disney-Management deutlich gemacht, daß ein so renitentes Verhalten nicht tolerierbar sei. Einige von ihnen zogen dann auch die Konsequenzen und verließen die Stadt. Doch selbst beim Wegziehen spürten sie noch einmal die Macht des Konzerns, der ihnen zwar Hilfe beim Verkauf des Hauses anbot, sie aber im Gegenzug vertraglich dazu verpflichtete, nicht in der Öffentlichkeit bzw. mit der Presse über ihren Fortzug zu sprechen, um das gute Image der Stadt zu wahren (vgl. Ross).

Die fürsorgliche und zugleich autoritäre Haltung der Walt Disney Company zeigt sich auch daran, daß der Alltag in Celebration durch ein umfangreiches Freizeitprogramm geprägt ist, für das der Konzern sorgt und das wesentliche soziale Bedürfnisse erfaßt. So wurde für über 40 Millionen Dollar ein von Robert A.M. Stern entworfenes, Celebration Health genanntes Gesundheitszentrum errichtet, das in Zusammenarbeit zwischen der Celebration Company, dem Krankenhaus-Konzern Adventist Health System und dem Pharmakonzern Astra Merck ein beispielhaftes Gesundheitsprogramm gewährleisten soll.

Dabei wird aber nicht einfach nur die medizinische Versorgung der Bewohner gesichert, sondern die gesamte Bevölkerung mit einem umfassenden Vorsorge-Programm, das aus Celebration eine „gesunde Gemeinschaft" machen soll, kontrolliert. Darum ist jeder Bewohner gehalten, möglichst oft ins Gesundheitszentrum zu gehen, in dem ihm nicht nur körperliche Ertüchtigung nahegelegt, sondern auch die dazugehörige mentale Einstellung vermittelt wird:

„This varies from person to person based on age, genetics, and personal lifestyle. And it does not just stop at the body part. To achieve optimum health, we must also focus on the mind, spirit, and social forces that affect health and the social community." (Aus dem offiziellen Programm für Celebration Health, zitiert in: Flower, S. 67)

Unter den vielfältigen Kursen, die den Einwohnern von Celebration den Eindruck des „totalen Wohlgefühls" vermitteln sollen, sind beispielsweise solche, bei denen Disney-Angestellte zeigen, wie man durch spezielle Atemtechniken Aggressionen abbauen kann. Ein anders Beispiel ist, daß Eltern, die sich im Fitneß- und Gesundheitscenter aufhalten, ihre Kinder einem Healthcare Edu-tainment (ein Neologismus aus *education* und *entertainment*) genannten Programm überlassen können, bei dem ihren Sprößlingen eine Mischung aus Unterhaltung und Erziehung zukommt.

Damit die Angestellten von Celebration Health den Besuchern auch mit der richtigen Freundlichkeit begegnen, die ihnen das Gefühl vermittelt, gut versorgt zu werden, müssen alle zukünftigen Angestellten einen speziellen Kurs an der Disney University absolvieren (vgl. Flower). Diese interne Einrichtung des Disney-Konzerns dient der Weiterbildung der Angestellten und der Einarbeitung neuer Mitarbeiter, die hier den Umgang mit Kunden lernen. Dabei wird auch die Disney-interne Sprache gelehrt, mit der Mitarbeiter - als wären sie Schauspieler - *cast members* genannt werden und die, wenn sie bei der Arbeit sind, als *on stage*, zu bezeichnen sind.

Das umfassende Programm des Celebration-Managements wird durch spezielle Kurse abgerundet, die unter dem Titel Community Integration Process angeboten werden und die den aus der Anonymität der *suburbs* Zuziehenden die Besonderheiten des ungewohnten Gemeinschaftsgefühls nahebringen sollen. Diese freiwilligen, aber gut besuchten Kurse sollen in den ersten Jahren die „Prinzipien und Werte" Celebrations vermitteln und später in einen fortlaufenden Prozeß münden, bei dem die Bewohner in sogenannten Brainwriting-Sitzungen ihr Gemeinschaftsgefühl ständig erneuern sollen. Ziel und Vorgehensweise des Community Integration Process beschreibt der zuständige Mitarbeiter des Disney-Konzerns:

„Patriotismus und Gemeinschaftsgefühl sind uramerikanische Werte, nur leider aus der Mode gekommen. In den Großstädten kümmert sich keiner um irgend etwas. Wir hingegen sammeln Daten über die Interessen jedes einzelnen, um ihn am Gemeinschaftsleben zu beteiligen." (zitiert in: Rehländer, S. 86)

Robert A.M. Stern, Architekt, Disney-Aufsichtsratsmitglied und Masterplaner von Celebration faßt die Haltung des Disney-Konzerns zu seinen Kunden dann auch prägnant zusammen:

„Die Leute sind glücklich, wenn jemand anderes für sie die Show zum Laufen bringt. ... Sie kommen so gern in Disneys Reich, weil hier autoritäre Standards gesetzt sind, denen sie folgen können." (zitiert in: Lueken, o.S.)

11. Ein amerikanischer Traum

Bei seiner Siedlung Celebration in Orlando setzt das Management des Disney-Konzerns darauf, den Prototyp einer Siedlung für das kommende Jahrtausend zu errichten - und handelt dabei ganz im Sinne von Walt Disney, der an der selben Stelle bereits in den sechziger Jahren eine Modellstadt für die Zukunft schaffen wollte. Doch während sich der

Firmengründer zu seinen Lebzeiten eine futuristisch anmutende Stadt mit hypermoderner Architektur vorgestellt hatte, ist Celebration eine neotraditionelle Siedlung, deren Architektur und städtebaulicher Aufbau das Aussehen und die Struktur einer älteren, gewachsenen Kleinstadt mit einem verdichteten, gemischt genutzten Ortskern kopieren.

Doch trotz dieser offensichtlichen Unterschiede zwischen Walt Disneys ursprünglicher Vision für EPCOT und Celebration wurde mit der neuen Siedlung eine ganz wesentliche Idee des Firmengründers realisiert. Es ist ein Gemeinwesen, in dem die Organisation des Alltagslebens durch Einrichtungen strukturiert ist, deren Kontrolle der Disney-Konzern übernimmt. Denn in Celebration treten weitreichende, von der Disney Development Company erlassene Verhaltensregeln sowie ein vom Konzern angebotenes umfassendes Freizeit- und Bildungsangebot an die Stelle demokratischer Mitbestimmungsmöglichkeiten.

Ungeachtet dieser Einschränkungen wird das Projekt aber durch die historisierende Gestaltung und die ständige Bezugnahme auf die im traditionellen amerikanischen Wertesystem verwurzelten Begriffe *neighborhood* und *community* als die Wiedergewinnung einer als verloren dargestellten kleinstädtischen Idylle präsentiert, die deren Vorteile in eine mit den technologischen und wirtschaftlichen Anforderungen des neuen Jahrhunderts kompatible Form bringen soll.

Dabei ist der Standort für ein derartiges Modellvorhaben geschickt gewählt. Denn einerseits haben in der Besiedlungsgeschichte Floridas wie in keiner anderen Region der USA Siedlungen eine wichtige Rolle gespielt, die als Idealstädte geplant waren, und deren Architektur von der Konstruktion historischer Bezüge geprägt war. Da Celebrations Gestaltung an diese Gartenstadt-Tradition der zwanziger Jahre anknüpft, wirkt Disneys Vorhaben, eine kleinstädtische Idylle neu zu erschaffen, an diesem Ort passender als es an irgendeinem anderen Ort wirken würde. Andererseits ist der Name der Region Orlando durch die seit Jahrzehnten vom Konzern propagierte kultische Verehrung Walt Disneys und seiner Ideale im Bewußtsein vieler Amerikaner mit dem Wahrwerden des *american dream* verbunden, so daß die Region Orlando hervorragend geeignet ist, das Projekt Celebration als die Erfüllung eines fast schon verloren geglaubten amerikanischen Traumes zu vermarkten: als Wiedergewinnung einer urbanen Lebensform für die suburbane Mittelklasse.

Teil IV: Die Disneyfizierung der amerikanischen Städte

12. Der Themenpark als Modell für Städte

Ein utopischer städtischer Raum

Mit der Beteiligung am Times Square Redevelopment und dem Bau der Siedlung Celebration hat der Disney-Konzern eine führende Rolle bei den beiden bedeutendsten aktuellen Entwicklungen in der amerikanischen Stadtplanung, nämlich der unterhaltungsorientierten Innenstadterneuerung und der Projektierung neuer Siedlungen nach den Konzepten des New Urbanism, eingenommen. Diese Expansion der Walt Disney Company in den Stadtplanungssektor wird durch den Umstand begünstigt, daß Disney mit seinen Themenparks bereits seit über vierzig Jahren die Vorstellungen vieler Amerikaner von den Aufenthaltsqualitäten eines „öffentlichen" Raums beeinflußt hat. Wie im ersten Kapitel beschrieben wurde, haben Planer und Architekten von *shopping malls* und Fußgängerzonen vielfach Designkonzepte von Disneyland übernommen, das einen für Konsumzwecke optimal organisierten und gestalteten Raum darstellt.

Bei Disneyland handelt es sich nämlich nicht nur um einen Vergnügungspark, in dem wahllos Karussells aufgestellt wurden. Vielmehr ist es ein vollkommen geplanter Aufenthaltsraum, dessen Aufbau und farbenfrohes Design den Besuchern Abwechslungsreichtum versprechen und in dem gleichzeitig die perfekte Organisation und die Verwendung bekannter Motive Vertrauen und Sicherheit ausstrahlen. Auf diese Weise wird der Besucher in einen Zustand versetzt, bei dem Stimulierung und Geborgenheit miteinander verbunden sind, so daß sich der Kunde voll und ganz dem Konsum widmen kann.

Diese Wirkung der Gestaltung war von Walt Disney durchaus beabsichtigt, und um diese Kombination von Abwechslungsreichtum und Vertrautheit zu erreichen, hatte er bei der Konzeption von Disneyland von Anfang geplant, bestimmte Themen aufzugreifen und zu verarbeiten, die eine herausragende Bedeutung im kollektiven Gedächtnis der Amerikaner haben. So wurde Disneyland eine „mehrdimensionale Collage der amerikanischen Landschaft" (Zukin 1991, S. 223), die in sieben Bereiche eingeteilt ist, von denen vier Erlebnisbereiche mit Karussells sind und drei weitere Stadtmotive darstellen. Die Erlebnisbereiche haben bestimmte Themen, mit denen wesentliche Elemente der amerikanischen Kultur verarbeitet werden: Das Adventureland mit seinem künstlichen Dschungel symbolisiert die unberührte Wildnis vor der „Entdeckung" durch die Europäer. Im Frontierland mit seiner durch einen Plastik-Canyon fahrenden Dampfeisenbahn werden Wildwest-Motive verarbeitet. Im Tomorrowland wurde zur Zeit seiner Errichtung in den fünfziger Jahren u.a. die Zukunft der amerikanischen Raumfahrt dargestellt. Und im Fantasyland schließlich tauchen aus traditionellen Märchen entlehnte Motive auf, die Disney schon vorher in seinen Zeichentrickfilmen verarbeitet hatte. Sowohl dieser Fantasyland-Bereich als auch das Frontierland weisen jeweils eine Art Stadtplatz auf, wobei im Fantasyland Fachwerkhäuser das Märchenmotiv aufgreifen und im Frontierland eine Wildwest-Stadt nachgeahmt wird.

Das wichtigste Motiv des Themenparks aber ist die im zentralen Eingangsbereich von Disneyland gelegene sogenannte Main Street U.S.A.. Diese dem Aussehen der Hauptstraße einer amerikanischen Kleinstadt des 19. Jahrhunderts nachempfundene Fußgängerzone mit Souvenirgeschäften und Restaurants im Erdgeschoßbereich bildet die Hauptachse des Themenparks. An ihrem Ende steht als Blickpunkt das Sleeping Beauty Castle, das als eine Mischung aus den Phantasieschlössern in Disneys Zeichentrickfilmen und Neuschwanstein gestaltet ist.

Um bei der Gestaltung der einzelnen Themenbereiche den erwünschten ausgewogenen und freundlichen Eindruck zu erreichen, setzten Disney und seine Imagineers auch Erfahrungen aus der ihnen vertrauten Filmkulissentechnik ein. Denn bei der Verwendung der bekannten Motive ging es nicht um ihre möglichst realistische Darstellung, sondern vielmehr darum, sie in eine Form zu bringen, die harmonisch wirkt und alle Konflikte ausblendet. So beschreibt einer der Imagineers das Vorgehen der Designabteilung von Disney folgendermaßen:

„What we create is a ‚Disney realism‘, sort of utopian in nature, where we carefully program out all the negative unwanted elements and program in the positive elements." (zitiert in: Zukin 1991, S. 222)

Diese ausgesprochen selektive Wahrnehmung basierte auf Walt Disneys persönlichen Vorstellungen. Vor allem die Main Street U.S.A. ist ein Ergebnis seiner eigenen Kindheitserinnerungen. Walt Disney, der nur schwer eine einzelne Stadt als Heimatort nennen konnte, da seine Eltern oft mit ihm umgezogen waren, war in verschiedenen Kleinstädten des mittleren Westens aufgewachsen. Aus diesen vielfältigen Erinnerungen kreierte er mit der Main Street U.S.A. ein Amalgam der unterschiedlichen Städte, deren Gemeinsamkeiten hier zu einem vereinfachten und verklärten Bild zusammengefügt wurden. Damit schuf Walt Disney, der eine schwierige Kindheit gehabt hatte, mit Disneyland sich selbst und der amerikanischen Bevölkerung eine idealisierte Version der amerikanischen Kleinstadt als heile Welt der Vergangenheit.

Doch das Ausblenden der Widersprüche ist in Disneyland nicht auf die visuelle Ebene beschränkt, denn der Themenpark zeichnet sich nicht nur durch eine durchdachte Gestaltung aus, sondern auch durch eine perfekte Organisation. Schon Disneys erster Themenpark in Kalifornien verdankte seine Popularität unter anderem der Tatsache, daß er sich von den bis dahin in den USA üblichen Vergnügungsparks durch seine Sauberkeit und „Familienfreundlichkeit" unterschied, die durch restriktive Maßnahmen erreicht wurden. Während die klassischen *boardwalks* und *amusement parks* noch von einem hektischen Durcheinander und „anrüchigen" Kleine-Leute-Vergnügen geprägt waren, setzte Disney in seinem Park auf perfekte Organisation.

Zu diesem Zweck sind Disneys Themenparks mit einem weitreichenden System von unterirdischen Gängen durchzogen. Auf diese Weise kann das Disney-Personal bei Schichtwechsel zu seinem Arbeitsplatz kommen und können sämtliche An- und Ablieferungen durchgeführt werden, ohne daß die Besucher dadurch gestört werden.

Dieses System wird durch weitere technische Einrichtungen ergänzt. So kommt in Disney World in Orlando unter anderem ein von einer schwedischen Firma entwickeltes pneumatisches Abfallentsorgungssystem zum Einsatz, damit keine Müllwagen die schöne Illusion des Themenparks stören müssen. Dabei wird der Abfall aus den Mülleimern durch ein unterirdisches Röhrensystem mit Hochdruck zu einer Sammelstelle gesogen - wobei der Abfall mehrere Sicherheitssperren überwinden muß, die eingebaut worden sind um zu verhindern, daß möglicherweise in die Müllbehälter gefallene kleine Kinder aus Versehen mit eingesaugt werden könnten (vgl. Finch).

Darüber hinaus soll sich der Besucher von Disneyland von einem auf Freundlichkeit gedrillten Personal umsorgt fühlen. Zu diesem Zweck werden die als *cast members* bezeichneten Beschäftigten nicht nur umfangreichen Schulungen unterzogen, sondern müssen auch eine Reihe strikter Verhaltensregeln befolgen:

„Die Disney-Ideale von Ordnung, Sauberkeit und harmonischem Familienleben bestimmen auch die Verhaltensanforderungen an die Angestellten. So verlangt man in Disneyland Paris von den männlichen Mitarbeitern ,daß sie ihr Gewicht in Harmonie mit Ihrer Größe halten'. Und: ,Ein guter und natürlicher Haarschnitt sowie eine glatte Rasur sind unabdingbar. Bärte sind nicht erlaubt'. Die Vorschriften für Frauen fallen noch restriktiver aus. Ihre Nägel dürfen nicht mehr als ,sieben Millimeter über die Finger' hinausragen. Während der Bürostunden haben sie ,angemessene Unterwäsche' ein ,nicht zu starkes Parfüm' und ein ,natürliches Make-up' zu tragen. Sexyness ist nicht angesagt, sie könnte die Familien-Kompatibilität von Euro-Disney stören." (Ronneberger 1996, S. 52)

Die Qualitäten von Disneylands Main Street U.S.A. beruhen also vor allem auf illusorischer Gestaltung und rigider Organisation im Unter- und Hintergrund, und haben damit die Vorstellungen von urbanen Qualitäten von vielen der Millionen Besucher massiv beeinflußt. Als eine Kombination aus Idealbild und perfekter Organisation ist sie, wie es Mark Gottdiener ausgedrückt hat, zu einem „utopischen städtischen Raum" (Gottdiener, S. 99) geworden. Diese visuell einprägsame und stark idealisierte Version einer Kleinstadt entspricht so sehr den Wunschvorstellungen der amerikanischen Mittelklasse, daß sie deren kollektives Gedächtnis darüber, wie denn die Kleinstadt der Vergangenheit ausgesehen hat, nachhaltig prägen konnte (vgl. Zukin 1991). So wurde die Main Street U.S.A. in gewissem Sinne also tatsächlich zu dem, was ihr Name schon von Anfang an suggerierte: eine ideelle Hauptstraße für die Bewohner der hauptstraßenlosen amerikanischen *suburbs*.

Aneignung des Bildes der Stadt

Da die Walt Disney Company in ihren Themenparks ein Modell einer perfekten Organisation und Gestaltung eines „öffentlichen" Raumes zu Konsumzwecken geliefert hatte, das in vielfacher Weise bei der Gestaltung von Fußgängerzonen oder *shopping malls* nachgeahmt wurde, erkannte die Firma schließlich die Möglichkeit, sich mit diesem Know-how auch bei der Planung wirklicher Städte zu beteiligen. Die Imagineering-Abteilung des Disney-Konzerns ist bereits seit Jahren darum bemüht, mit den zuständigen Behörden interessierter Städte zusammenzuarbeiten.

Einen ersten Versuch starteten die Disney-Planer in Seattle, wo ein innerstädtisches ehemaliges Ausstellungsgelände in ein für Vorortbewohner attraktives Viertel umgestaltet werden sollte. Da zwischen den dortigen Stadtplanungsbehörden und den Imagineers schon seit langem Kontakte bestanden, kam es in den achtziger Jahren zu umfangreichen Planungen. Doch trotz der zunächst gut anlaufenden Kooperation wurde das Vorhaben schließlich wieder aufgegeben, da einerseits die zu erwartenden Kosten zu hoch waren und da andererseits die betroffene Bevölkerung frühzeitig Widerstand gegen das Projekt leistete (vgl. Warren).

Mit der Situation am Times Square zu Anfang der neunziger Jahre, als sich das Scheitern des ursprünglichen Büroprojekts abzeichnete, bot sich Disney eine ausgezeichnete neue Chance. Denn in New York warteten nicht nur die städtischen Behörden händeringend auf einen neuen Investor, sondern hier wirkte auch angesichts der Bedeutung des Times Square als traditionellem Vergnügungsviertel der Einstieg eines Unterhaltungs-konzerns in den Stadtplanungsbereich durchaus passend.

Darüber hinaus ergab sich hier die Möglichkeit, über den seit langem mit dem Konzern verbundenen Robert A.M. Stern genau das gestalterische Prinzip anzuwenden, das bereits in der Vergangenheit den Erfolg von Disneys Themenparks ausgemacht hatte: Mit Hilfe einer vereinfachenden,

96

idealisierten, historisierenden Gestaltung einen scheinbar abwechslungs-
reichen, zugleich aber vertrauenswürdig wirkenden Raum zu schaffen, der
so den Vorstellungen der suburbanen Touristen am ehesten entspricht. Stern
hatte ja schon beim Bau seiner historisierenden Hotels in der Nähe von
Disneys Themenparks Motive „klassischer" Urlaubsorte verarbeitet. Dabei
hatte er seine Fähigkeit unter Beweis gestellt, ganz im Sinne der Walt
Disney Company Orte schaffen zu können, die die Vergangenheit in einer
vereinfachten, idealisierten Form wiedergaben, so daß sie dem Geschmack
der Mittelklasse und deren Vorstellungen von Erholungs- und Erlebnisorten
entsprachen.

Eben dieses Prinzip der Aneignung und Verarbeitung des Bildes der
Stadt in vereinfachter, aber den Konsumenten ansprechender Form wandte
Stern nun auch bei seinem Unternehmen an, den Times Square für eine
Nutzung durch Disney zu erschließen. Denn sein *42nd Street Now!*-Plan,
mit dessen Hilfe er den Weg für Disneys Investitionen bereitete, enthielt nur
ein indifferentes Nutzungskonzept ohne konkrete Aussagen über die
zukünftige soziale Struktur des Quartiers. Um so detaillierter dargestellt
wurden dafür in Sterns Plan die Geschichte des Quartiers als einstmals
wirtschaftlich erfolgreiches Vergnügungsviertel der weißen Mittelklasse und
die Ansicht des Viertels mit seiner Neonreklame in der ersten Hälfte des 20.
Jahrhunderts. Der umfangreichste und meist beachtete Teil des *42nd Street
Now!*-Plans jedoch waren die Zeichnungen der möglichen zukünftigen
Ansichten, mit denen Stern angeblich nur seine Gestaltungsrichtlinien zu
illustrieren suchte. Für den Planungsprozeß aber hatten diese Bilder eine
viel weitergehende Bedeutung. Mit der Bezugnahme auf die Vergangenheit
und das einstige Aussehen des Quartiers eignete sich Stern die Geschichte
des Quartiers an und interpretierte sie auf eine seinen Interessen
entsprechende Weise um.

Ähnlich wie in Disneys Themenparks die Vorstellung von der
Vergangenheit der amerikanischen Kleinstädte durch eine vereinfachte,
historisierende bildhafte Darstellung idealisiert wird, wurde nun der Times
Square durch die Betonung der Bedeutung des bunten Aussehens des
Quartiers mit seinen Neonlichtern darauf reduziert, ein Theaterviertel und
Symbol der kommerziellen Unterhaltung gewesen zu sein. Und genauso wie
in Disneyland ganz im Sinne des *Disney realism* alle ungewollten Aspekte
der Geschichte ausgeblendet werden, wurde auch beim Times Square
Redevelopment unterschlagen, daß zur Geschichte des *entertainment
districts* nicht nur die Kinos und die Lichter, sondern seit hundert Jahren
ebenso auch die weniger strahlende Funktion des Quartiers als Ort der Sex-
Gewerbe, der sozialen Widersprüche, des Drogenkonsums und als Nische
der Ausgegrenzten gehört haben.

Dennoch werden im Zusammenhang mit der Sanierung des Viertels alle
nichtkonformen Nutzungen und Personen ausgeschlossen. Damit erfüllt der

neue Times Square auch die zweite Anforderung an einen von der Walt Disney Company für Touristen gestalteten Raum. Ebenso wie in den Themenparks kann nun auch am Times Square der Besucher auf die perfekte Organisation durch Disney vertrauen und sich ganz dem Konsum hingeben. Damit ist es den Planern gelungen, aus dem Gebiet an der 42nd Street eine Tourismuszone ganz nach dem Vorbild des Adventureland und der anderen Erlebnisbereiche in Disneyland zu machen. Denn ebenso wie der Disney-Konzern in den Themenparks die Balance zwischen Vertrautheit und Abenteuer detailversessenen austariert, wird auch am Times Square gleichzeitig die Sicherheit des kontrollierten Raumes garantiert und großstädtischer Abwechslungsreichtum inszeniert.

Variationen auf ein Idealbild

So wie Robert A.M. Stern beim Times Square Redevelopment auf die Techniken des Disney-Konzerns zurückgegriffen hat, um das kollektive Gedächtnis durch eine vereinfachte, historisierende bildhafte Darstellung zu beeinflussen, damit das Projekt wie die adäquate Lösung wirken konnte, wurde auch bei der Planung von Celebration dieses Know-how des Unterhaltungskonzerns verwendet. Bereits 1991, also Jahre bevor Disney selbst begann, sich mit den Planungen für Celebration die Konzepte des New Urbanism anzueignen, verwies Sharon Zukin darauf, daß die Gestaltung der neotraditionellen Siedlungen, die Andres Duany und Elisabeth Plater-Zyberk ebenso wie andere Anhänger des New Urbanism bauten, maßgeblich von der Technik der Disney-Imagineers beeinflußt worden sind. Denn die New Urbanists versuchen, die Wahrnehmung darüber, was urbane Qualitäten bedeuten und wie sie herzustellen seien, dadurch zu beeinflussen, daß sie diese Fragen auf eine bestimmte städtebauliche Anordnung der Gebäude und historisierende Architektur vereinfachen. In dieser Reduzierung und Aneignung eines Bildes entsprechen ihre künstlichen Versionen einer Kleinstadt durchaus dem Modell Main Street U.S.A. in Disneyland (vgl. Zukin 1991).

Diese Auffassung Zukins, daß sich die New Urbanists von Anfang an am Modell Disney orientierten, wurde auch noch bestätigt, als Andres Duany in einem Interview berichtete, daß der Ausdruck *neotraditional*, den er und seine Mitstreiter ihrer Architektur gegeben haben, ein Begriff ist, den sie aus dem Vokabular des Disney-Marketing übernommen haben. Nach Duanys Angaben ist das Wort *neotraditional* erstmalig verwendet worden, als 1985 eine Marktforschungsfirma vom Disney-Konzern damit beauftragt wurde, herauszufinden, was für eine Gesinnung der typische Kunde der *babyboomer* genannten Generation der in den Nachkriegsjahren Geborenen haben würde (vgl. Harvard Design Magazine).

Variation eines Idealbildes: *Die Main Street U.S.A. in Disneyland (oben) ist zur ideellen Hauptstraße der suburbanen Mittelschicht geworden. Mit der Siedlung Celebration (unten) hat Disney ein bewohnbares Abziehbild dieser Traumvorstellung geschaffen.*

Die Marktforscher beschrieben mit *neotraditional* die von dieser Zielgruppe bevorzugten Waren: Produkte, die moderne und traditionelle Elemente effizient miteinander verknüpfen, wie beispielsweise eine viktorianische Kaminuhr mit moderner Technik im Inneren. Duany überzeugte die Disney-hafte Verschmelzung von traditionellen und modernen Elementen so sehr, daß er die Disney-Marktforschung sogar als den Geburtsort seiner geistigen Einstellung und seiner Vorgehensweise bezeichnete (vgl. Ross).

Aus dieser Beschreibung wird auch deutlich, welche Zielgruppe die neotraditionellen Siedlungen, allen voran Celebration, haben: Es ist die erste Generation von Amerikanern, die ihre Kindheit in der *suburbia* verbracht haben, und die daher die wirklichen amerikanischen Kleinstädte kaum aus eigener Anschauung kennt. Es sind diejenigen Menschen, die in den hauptstraßenlosen Vororten der Nachkriegszeit aufgewachsen sind, für die die Main Street U.S.A. in Disneyland eine Art ideeller Hauptstraße war. Damit ist es die Generation, deren kollektives Gedächtnis darüber, wie eine Kleinstadt mit urbanen Qualitäten auszusehen hat, von Disneyland geprägt worden ist. Für diese Menschen hat Disney die seit den fünfziger Jahren verloren gegangene städtische Erlebniswelt in seinem Themenpark als Main Street U.S.A. neu erfunden und als Urlaubsereignis erlebbar gemacht. Damit besitzt der Disney-Konzern heute auch die Möglichkeit, dieses Bild von Stadt nun wieder weiter zu verarbeiten und wirkliche Städte nach diesem Bild zu produzieren.

Das bedeutet, daß der Disney-Konzern bei der Gestaltung von Celebration auf das von ihm selbst durch die Main Street U.S.A. geprägte Bild von Kleinstadt in den Köpfen der Menschen als Idealbild zurückgreift. So wird aus der Main Street U.S.A., die selbst nur eine Inszenierung für Touristen war und die unter Verwendung von Filmkulissentechnik gestaltet worden war, wieder ein Abbild gewonnen, das zu einer echten Stadt wird.

Diese Vorgehensweise hat für den Disney-Konzern einerseits den Vorteil, das dabei Bilder verwendet und erzeugt werden, die von den Imagineers des Konzerns entworfen worden sind. Damit hat die Walt Disney Company selbst die Wünsche der potentiellen Kunden geprägt, so daß es wahrscheinlich ist, daß Disney seine Städte erfolgreich vermarkten kann. Andererseits bietet die Tatsache, daß diese Vorstellungen von Stadt auch wesentlich durch Film- und Fernsehbilder verbreitet worden sind, dem Disney-Konzern noch einen weiteren Vorteil. Denn die Walt Disney Company ist heute nicht mehr einfach nur ein Vergnügungsparkbetreiber und Comicproduzent, sondern einer der größten Medienkonzerne, der weltweit und in den unterschiedlichsten verwandten Branchen aktiv ist. Dabei versteht er es, seine Macht als Medienmulti zur Umsatzsteigerung zu nutzen - ein Einfluß, der nun auch für die Vermarktung des „Produkts" Stadt genutzt wird.

100

13. Mediale Vermarktungsstrategien

Global Players

In den vergangenen zwanzig Jahren haben der technologische Fortschritt, wie die Einführung von Kabelfernsehen oder Videorecorder, und die Deregulierung des Mediensektors, wie die Lockerung von einst eingeschränkten Fernseh- oder Radioprogrammausstrahlungsrechten, zu einem außergewöhnlichen Wachstumsschub auf den internationalen Medienmärkten geführt, dessen Folge eine Globalisierung der wirtschaftlichen Aktivitäten der Unterhaltungsindustrie ist. Wie in anderen Branchen ist auch in der Medienindustrie diese Entwicklung von einem Konzentrations- und Internationalisierungsprozeß geprägt. Denn die betroffenen Unternehmen streben einerseits an, möglichst auf allen international bedeutenden Märkten gleichermaßen präsent zu sein, und andererseits, in alle einander verwandten Bereiche der Medienbranche zu diversifizieren.

Bis zu Beginn der achtziger Jahre waren die Aktivitäten der meisten Medienkonzerne, abgesehen von der traditionell internationalen Ausstrahlung der US-amerikanischen Film- und Musikproduktion, noch weitgehend auf ein oder wenige Länder konzentriert. Doch seitdem haben einige große Unternehmen die Möglichkeit erkannt, ihre Gewinne zu maximieren, indem sie nach dem Prinzip handelten „Ein Produkt - in allen Medien - weltweit vermarkten". Gleichzeitig verfolgen die *global player* der Unterhaltungsindustrie die Strategie, zu möglichst weitgehend vertikal und horizontal integrierten Unternehmen zu werden. Das bedeutet, daß sie einerseits anstreben, möglichst alle Schritte der Vermarktung eines Produktes selbst zu kontrollieren, wie beispielsweise Produktion, Verleih und Abspiel eines Films. Und andererseits bemühen sie sich darum, durch Expansion in unterschiedliche verwandte Bereiche der Medienindustrie wie Film- und Fernsehproduktion, Musik, Zeitungs-, Zeitschriften- und Buchverlage über die einzelne Produktion und Distribution hinaus die mehrfache, potenzierte Auswertung eines Produkts im Medienverbund zu sichern (vgl. Brinkemper et al.).

Diese Strategie ermöglicht den Konzernen absatzsteigernde Synergieeffekte, da so die „Markenloyalität" der Kunden gesteigert werden kann, indem die verschiedenen Produkte eines Unternehmens füreinander gegenseitig Werbung machen. So entstehen sich ergänzende und gegenseitig bewerbende Produkte von verschiedenen Konzerntöchtern, wie beispielsweise international vermarktete Kinofilme, zu denen es gleich ein Buch zu kaufen gibt, ebenso wie den Soundtrack, von einer Band, die wiederum für eine Fernsehserie wirbt, in der Comicfiguren auftreten, die man auch in einem Themenpark besuchen kann - eine *cross promotion* genannte Kette, die beliebig fortgesetzt werden kann.[2]

Um die Effekte dieser Vermarktungsstrategien maximal ausnutzen zu können, haben in der Medienbranche in den letzten Jahren eine Vielzahl internationaler Unternehmensübernahmen und -zusammenschlüsse stattgefunden, die zur Entstehung einiger weniger den internationalen Markt beherrschender Konzerne geführt haben. Diese Entwicklung läßt sich gut am Wachstum von AOL Time Warner, dem weltweit umsatzstärksten Unternehmen der Medienindustrie, nachvollziehen. Der Unternehmensteil Time Warner ist bereits seit Jahren ausgesprochen stark diversifiziert, da er in den achtziger Jahren aus der Fusion eines Verlages (Time Inc.) und eines Konzerns der Film- und Musikbranche (Warner Bros.) entstanden ist. Dieser schloß sich dann 1996 mit der Turner-Gruppe zusammen, die unter anderem CNN, den international bedeutendsten Nachrichtensender, betreibt. Um seine Vormachtstellung auch in den Bereich der neuen Medien auszudehnen, fusionierte der Mediengigant 1999 schließlich mit dem weltgrößten Internet-Service AOL. Darüber hinaus hat die Firma mit der Gründung neuer Tochtergesellschaften in weitere Branchen und Länder expandiert: Neben der Einführung von Pay-TV Kanälen in Asien (HBO Asia) und Lateinamerika (HBO Olé) waren dies v.a. die Ausdehnung ihrer Einzelhandelsketten (Warner Bros. Studio Stores) auch auf den europäischen Markt. Diese Expansionsstrategie wurde ergänzt durch eine Zusammenarbeit mit der Six Flags-Themenparkkette in den USA und den Bau eines Themenparks in Deutschland (Warner Bros. Movie World in Bottrop).

Dem stehen die anderen US-Medienkonzerne kaum nach und verfolgen die selbe Strategie der Internationalisierung und Diversifizierung. So hat sich die vor allem in der Fernseh- bzw. Musikproduktion tätige Unternehmensgruppe Viacom mit dem Filmproduzenten Paramount zusammengeschlossen, die weltweit größte Videothekenkette Blockbuster übernommen und fusionierte 1999 mit dem US-Fernsehsender CBS. Der neue Konzern CBS Viacom versucht nun, seine Fernsehprogramme auch in anderen Ländern auszustrahlen. So soll der Kinderfernsehsender Nickelodeon in Europa etabliert werden und der in Europa und den USA bekannte Musik-Fernsehsender MTV auch den asiatischen Markt bedienen.

---

2   Der Begriff *cross promotion* beschreibt im ursprünglichen Sinne eine zeitlich begrenzte gemeinsame Aktion zweier voneinander unabhängiger Firmen zur Vermarktung unterschiedlicher Produkte mit der selben Zielgruppe - z.B. Werbung für Comichefte auf Cornflakes-Packungen, die dann mit Werbung für die Cornflakes-Marke in den Comicheften erwidert wird. Um diese herkömmliche Form der *cross promotion* von der in der Unterhaltungsindustrie üblichen dauerhaften Zusammenarbeit zwischen den Tochterfirmen eines Konzerns zu unterscheiden, werden in der Entertainmentbranche auch die Begriffe *in house-cross promotion* oder *synergy* verwendet.

Bei dieser Entwicklung handelt es sich jedoch keineswegs um ein ausschließlich von den USA ausgehendes Phänomen. So verfolgt beispielsweise auch die Bertelsmann AG, die größte europäische Mediengruppe, eine globale Expansionsstrategie. Bertelsmann ist heute in allen Kontinenten in der Unterhaltungsindustrie vertreten und hat in den vergangenen Jahren vor allem massiv in den USA investiert. Seine Position als größte Verlagsgruppe und bedeutendster Buchclub-Betreiber der Welt hat Bertelsmann durch die Übernahme der amerikanischen Bantam Doubleday Dell Publishing Group und des größten amerikanischen Publikumsverlages Random House gefestigt. Darüber hinaus ist der Konzern mittlerweile in allen Medien präsent. Neben der Expansion in das TV-Geschäft hat das Gütersloher Unternehmen auch in den Musiksektor investiert. Nach der Übernahme der amerikanischen Firma RCA Records hat Bertelsmann seine Organisation umstrukturiert, die weltweit agierende Bertelsmann Music Group gegründet und seine Zentrale für das globale Entertainmentgeschäft in das firmeneigene Bürohochhaus am New Yorker Times Square verlegt.

Ebenso spielen japanische Unternehmen mittlerweile eine wichtige Rolle im globalen Medienbusiness. In den achtziger Jahren hat vor allem der Elektronikkonzern Sony in das internationale Mediengeschäft expandiert. Damit verfolgt das Unternehmen eine in der Branche seit langem verbreitete Strategie. Als Unterhaltungsgerätehersteller gibt der Einstieg in den Entertainment-Bereich Sony die Möglichkeit, im Falle der Einführung neuer technischer Standards gleich die entsprechende Software anbieten zu können. Die dieser Strategie folgenden milliardenschweren Übernahmen der US-Unterhaltungsfirmen Columbia Pictures und CBS Music durch Sony gelten als die bisher bedeutendsten je durchgeführten Auslandsinvestitionen einer japanischen Firma. Sony hat seitdem massiv in den Entertainment-Bereich investiert und plant, auch in Zukunft in diesem Bereich weltweit zu expandieren.

Von Micky Maus zum Medienmulti

Ebenso wie die anderen Konzerne der Medienbranche hat auch der *global player* Walt Disney Company in den vergangenen Jahren weltweit investiert. Dabei hat auch Disney die Strategie der Internationalisierung und Diversifizierung verfolgt, mit der sich das Unternehmen neue Möglichkeiten der *cross promotion* eröffnet. Mit dieser Werbemethode ist Disney bereits seit Jahrzehnten vertraut - der Erfolg des Medienkonzerns beruht sogar im Wesentlichen darauf, daß der Firmengründer Walt Disney die Möglichkeiten der *cross promotion* frühzeitig erkannte und selbst neue Formen dieser Vermarktungstechnik entwickelte. Denn der Aufstieg Walt

Disneys von einem einfachen Zeichentrickfilmproduzenten zu einem bedeutenden Unternehmer der Unterhaltungsindustrie in den fünfziger Jahren kam vor allem daher, daß Disney gleichzeitig mit seinem Vorhaben, seinen ersten Themenpark zu bauen, eine Fernsehsendung konzipierte, mit der er für den Besuch des Parks werben konnte.

Schon die Eröffnung von Disneyland im Jahre 1955 war ein mediales Großereignis, dessen u.a. vom Schauspieler Ronald Reagan moderierte Eröffnungsfeier von der damals Rekorde brechenden Zahl von 90 Millionen Fernsehzuschauern gesehen wurde. In den folgenden Jahren ließ Disney seine wertvollsten Markenprodukte - Micky Maus, Donald Duck und die anderen Zeichentrickfiguren - dann jedes Wochenende in einer „Micky Mouse Club" genannten Sendung, die Walt Disney selbst moderierte, über den Fernsehsender ABC ausstrahlen. Auf diese Weise konnte „Onkel Walt" zu einem nationalen Symbol der Familienfreundlichkeit avancieren und gleichzeitig kostenlos für seinen Vergnügungspark werben.

Bis heute werden viele Besucher von Disneys Themenparks durch andere Produkte aus dem Disney-Konzern angelockt, vor allem den Film- und Fernsehsendungen. Und umgekehrt sorgt der Besuch von Disneyland dafür, daß die zufriedenen Kunden auch in Zukunft Disney-Medien konsumieren werden. So werden beispielsweise Motive, die aus den einzelnen Erlebnisbereichen in Disneyland bekannt sind, in neuen Disney-Filmen und Fernsehsendungen verwendet, so daß ihnen eine gewisse Popularität von Anfang an sicher ist (vgl. Zukin 1991).

Mit diesem dem Konzern zugrundeliegenden Vermarktungskonzept waren Walt Disney und nach seinem Tod seine Nachfolger so erfolgreich, daß aus der Firma ein ganzes Medienimperium entstanden ist, in dem die vielfachen Möglichkeiten zur *cross promotion* intensiv genutzt werden. Denn die Walt Disney Company ist heute viel mehr als nur Zeichentrickfilmproduzent und Vergnügungsparkbetreiber.

Vor allem in der Film- und Fernsehproduktion hat sich Disney eine führende Position gesichert. Mit seinen Tochterfirmen Hollywood Pictures, Buena Vista, Miramax Films und Touchstone Pictures gehört der Konzern zu den großen Filmstudios, und produziert etwa ein Fünftel von Hollywoods Ausstoß, darunter z.B. fast alle Filme der Disney-„Hausstars" Robin Williams, Julia Roberts und John Travolta. Außerdem umfaßt der Disney-Konzern heute mehrere Verlage (u.a. Hyperion Books), besitzt 27 große amerikanische Radiosender, übernahm 1996 mit Capital Cities/ABC einen der drei großen US-Fernsehsender, ist an weiteren Fernsehsendern in aller Welt beteiligt (Disney Channel, Super RTL, RTL 2, sowie Fernsehkanäle in Skandinavien und Japan) und engagiert sich mit seiner Disney Music Group auf dem globalen Musikmarkt - auf dem er mit seinen Labels Nashville Records, Lyric Street und Mammoth Records u.a. eine führende Stellung im Bereich der Country Music und des Heavy Metal einnimmt.

Außerdem erschließt sich der Konzern gerade den wachsenden Sportvermarktungsbereich, mit den Sportfernsehsendern ESPN in den USA und Eurosport in Europa sowie einem eigenen US-Nationalliga-Eishockeyclub - und hat passend dazu (als ein weiteres Beispiel von *cross promotion*) einen Sportveranstaltungs- und Ferienpark namens Disney's Wide World of Sports in Orlando errichtet.

In den letzten Jahren hat der Konzern noch in weitere Dienstleistungsbranchen expandiert. Disney besitzt mittlerweile eine eigene, Disney Store genannte, Ladenkette für Spielwaren und Unterhaltungsprodukte mit weltweit über 400 Geschäften. Die Disney Stores sollen mit ihrem Erlebnischarakter beim Einkaufen als eine Art lokale Mini-Disneylands fungieren und sind deshalb ebenso perfekt organisiert wie die Themenparks. In den Geschäften soll den Kunden umfassender Service geboten werden, so daß auch hier das Personal als *cast members* bezeichnet wird und strengstens angewiesen ist, dem Kunden die Disney-übliche Höflichkeit und Familienfreundlichkeit zu bieten.

Ähnlich perfekt organisiert sind auch die Club Disney-Videospielhallen, von denen die ersten bereits in amerikanischen *shopping malls* eröffnet worden sind, und die in vielen Einkaufszentren weltweit eingerichtet werden sollen, damit Eltern ihre Kinder während des Einkaufs in die Obhut der Disney-Angestellten geben können. Für Kinder *und* Erwachsene konzipiert sind dagegen die großflächigen Disney Quest Familienunterhaltungszentren. Diese *urban entertainment destinations* gehören zur Kategorie der virtuellen Erlebniswelten und existieren bereits in Chicago und Orlando - geplant sind aber noch 25 weitere in anderen Städten. Auf ähnliche Weise soll die Restaurantkette ESPN-Zone expandieren, deren Konzept wegen der Verbindung von Essen und Unterhaltung von den Disney-Marketing-Experten als *eatertainment* bezeichnet wird.

Der Disney-Konzern erschließt sich aber nicht nur neue Branchen, sondern baut gleichzeitig auch seine Position in der Tourismusbranche aus, in der er traditionell stark vertreten ist. So wurden in Orlando weitere Themenparks und Erlebniszentren gebaut, unter anderem der Disney-MGM Studios-Themenpark, in dem sich alles um das Motto Filmproduktion dreht, den Safaripark Animal Kingdom und das Blizzard Beach-Spaßbad. Betuchtere Kunden können außerdem seit 1998 Kreuzfahrten bei der Disney Cruise Line auf den beiden Kreuzfahrtschiffen Disney Magic und Disney Wonder buchen - inklusive einem Abstecher auf die konzerneigene Karibikinsel Castaway Cay[3].

---

3   Die zu den Bahamas gehörende Insel hieß ursprünglich „Gorda Cay". Unter diesem Namen wurde sie in den achtziger Jahren bekannt - als Umschlagplatz von Drogenschmugglerringen, die hier ihre Flugzeuge mit Kokain beluden. Da Disney solche Aktivitäten nicht mit seinem familienfreundlichen Image in Verbindung gebracht sehen will, wurde die Insel nach der Übernahme durch den Konzern kurzerhand in „Castaway Cay" umbenannt (vgl. Hiaasen).

Darüber hinaus investiert Disney auch massiv in den Bereich der neuen elektronischen Medien: Im Frühjahr 1997 hat Disney für 100 Millionen Dollar eine Mehrheit an einem der bedeutendsten kommerziellen Internet-Provider, der Firma Starwave erworben. Das Unternehmen, das Disney übernommen hat, ist erst vor wenigen Jahren von Paul Allen gegründet worden (dem Milliardär, der einst Teilhaber von Bill Gates' Softwarefirma Microsoft war), ist aber seitdem rasant gewachsen und hat ein hervorragendes Know-how im Bereich der Konzeption und Gestaltung von kommerziellen Internet-Sites. Dieses Wissen wird dem Disney-Konzern auch für seine zweite große Investition im Internet-Bereich nützen, denn im Sommer 1998 kaufte Disney für 350 Millionen Dollar 43 % des bedeutenden Internet-Browsers Infoseek. Starwave und Infoseek sollen Disney zu einem der führenden Internet-Anbieter machen, so daß auch dieses zukunftsträchtige Medium in die umfangreiche Vermarktungsstrategie des Konzerns einbezogen werden kann.

Angesichts der Vielfalt von Disneys Aktivitäten in der Medienbranche wird deutlich, daß die Möglichkeiten zur *cross promotion* immens sind - und die Marketingstrategen des Konzerns machen auch reichlich davon Gebrauch. So gelang es ihnen zum Beispiel 1994, um die Person des Schauspielers Tim Allen herum ein Vermarktungsspektakel zu kreieren, das als eines der brillantesten Beispiele des Hollywood-Multimedia-Marketing gilt. Tim Allen ist der Star der Fernsehserie *Home Improvement*, die in den USA eine der erfolgreichsten Sendungen der letzten Jahre ist und die von der Disney-Tochtergesellschaft Touchstone produziert wird. In der Serie spielt Tim Allen einen Fernsehmoderator in einer Werkzeugwerbesendung, dessen Erlebnisse im Beruf und auch zu Hause mit seiner Frau und drei Kindern humorvoll präsentiert werden. Die Sendung, die in der Bundesrepublik wenig bekannt ist, wird hier unter der Bezeichnung „Hör' mal wer da hämmert" auf zweitrangigen Sendeplätzen bei RTL ausgestrahlt. In den USA aber ist sie ein Einschaltquotenhit, der für Disney schon weit über 400 Millionen Dollar eingespielt hat.

Dieser Erfolg wurde von den Disney-Strategen auch auf andere Medien übertragen. Prompt brachte der zum Disney-Konzern gehörende Verlag Hyperion Books eine satirische Autobiographie von Tim Allen auf den Markt - die auch gleich zum Bestseller wurde. Und noch im selben Jahr produzierte der Disney-Konzern mit Tim Allen den Film „The Santa Clause", der, als Familienfilm konzipiert und rechtzeitig zum Familienfeiertag Thanksgiving auf dem Markt plaziert, ebenfalls prompt ein Kassenschlager wurde. So gelang es den Disney-Managern, daß der von ihnen entdeckte und binnen weniger Jahre zum Medienstar gemachte Tim Allen 1994 zeitweise in allen wichtigen Medien die „Nummer Eins" war: Hauptfigur der erfolgreichsten Fernsehsendung, Autor des meistverkauften Buches und Hauptdarsteller des meistgesehenen Filmes der Saison.

Aus Disneys multimedialer Expansion und Vermarktungsstrategie wird deutlich, daß der Konzern hervorragende Möglichkeiten hat, mit seinen vielfältigen Medienproduktionen indirekt für einen Besuch von Disneyland zu werben. So drehte Disney beispielsweise Anfang der neunziger Jahre seine Kinder-Fernsehsendung Micky Mouse Club im neueröffneten Disney-MGM-Studios Themenpark in Orlando. Damit sorgten die Vermarktungs-spezialisten dafür, daß viele der Kinder, die diese Sendungen sahen, ihre Eltern zu einem Urlaub in Orlando überredeten und der neue Disney-Park tatsächlich ein Erfolg wurde.

Dieses zur Werbung für einen Urlaubsort entwickelte Prinzip wendet der Konzern nun, da er in zunehmendem Maße auch in der Stadtplanung aktiv ist, auch für die Vermarktung echter Städte an. Ein erster Versuch dazu wurde bereits in den achtziger Jahren begonnen. 1984 erwarb Disney für 200 Millionen Dollar den Immobilienkonzern Arvida. Diese Firma gehört zu den größten Entwicklern von Einfamilienhaussiedlungen in Florida, von denen viele als *gated communities* errichtet werden, und deren Bewohner meist aus den nördlichen Bundesstaaten nach Florida gezogene Rentner sind. Unmittelbar nachdem Disney die Immobilienfirma aufgekauft hatte, begann der Disney-Chef Eisner, der ständig bemüht ist, das *cross promotion*-Potential der Firma auszuschöpfen, ein anderes Vorhaben, das der Tochterfirma Arvida nützlich sein sollte. In einer für den Medienbetrieb außergewöhnlichen Art übernahm er von der kleinen Firma Witt Thomas Harris das Konzept und den Pilotfilm zu einer neuen Fernsehserie, die Eisner unbedingt produzieren und dem Fernsehsender NBC verkaufen wollte. Eisner setzte sich so sehr dafür ein, daß er sogar auf branchenübliche Gewinnspannen verzichtete, um der Serie einen guten Sendeplatz beim Fernsehsender NBC zu verschaffen (vgl. Grover).

Der Grund für Eisners Handeln scheint sein ausgeprägtes Gespür für *cross promotion* zu sein. Denn bei der produzierten Fernsehserie, die ein großer Quotenerfolg wurde, handelte es sich um die *Golden Girls* - eine Komödie, deren Hauptdarstellerinnen vier in Florida lebende Rentnerinnen spielen, die ursprünglich im Norden der USA gelebt haben und die nun gemeinsam ihren Lebensabend in einem der neuen Einfamilienhausgebiete bei Miami genießen. So konnte Disney zwar kaum direkte Gewinne an der Sendung machen, aber dafür wurde auf diese Weise über Jahre hinweg einem Millionenpublikum, zu der vor allem die angepeilte Zielgruppe der über Sechzigjährigen gehören, das Ideal eines Lebensabends im sonnigen Süden präsentiert. Die von Disneys Tochterfirma Touchstone produzierte Sendung verbreitete so die Vorstellung vom fröhlichen Leben der nach Florida gezogenen Rentnerinnen und vergrößerte damit die potentielle Kundschaft des Schwesterunternehmens Arvida, ohne daß dafür teure

Werbeminuten gezahlt werden mußten. Dieses Vorgehen hat sich für den Konzern ganz offenbar gelohnt, denn schon Ende der achtziger Jahre verkaufte Disney die Immobilienfirma Arvida wieder - für 400 Millionen Dollar, also das Doppelte des Kaufpreises.

Die in den achtziger Jahren mit den *Golden Girls* erprobten Möglichkeiten des Unterhaltungskonzerns Disney, seinen vielfältigen Einfluß in den Medien auch für die Vermarktung von Stadtplanungsvorhaben einzusetzen, überträgt das Unternehmen nun auch auf seine Projekte Times Square und Celebration. Dabei nutzt Disney die ganze Bandbreite seiner Medienmacht. So wird das neue ABC-Studio am Times Square vor allem dazu genutzt, um landesweit Werbung für das disneyfizierte Vergnügungsviertel zu machen. Manager von ABC und Disney verkündeten, daß das 75 Millionen Dollar teure Studio nicht von internen Budget-Kürzungen bei ABC betroffen sei, und auch nicht die investierte Summe über höhere Einschaltquoten wieder hereinbringen müsse. Statt dessen sei es ein Teil der langfristigen Gesamt-Firmenstrategie. Dabei war für die Disney-Planer vor allem wichtig, das Studio so zu bauen, daß die Moderatoren des Frühstücksfernsehens *Good Morning America* vor der Kulisse des Times Square sitzen würden. Zu diesem Zweck wurde das Studio sogar in den zweiten Stock verlegt, obwohl dies für andere Teile der Show, wie die direkte Interaktion mit Passanten, einen höheren organisatorischen Aufwand mit sich brachte (vgl. Carter).

Doch mit diesem Konzept ist der Blick auf den Times Square optimal. Auf diese Art und Weise kann dann allmorgendlich der Times Square in den Köpfen von Millionen von Fernsehzuschauern wieder ein bißchen mehr als potentielles Kurzurlaubsziel verankert werden. Wenn die Zuschauer dann tatsächlich gekommen sind und ihre Stars durch das Panzerglas des Studios betrachten, wird ihnen gleich wieder Disney-*cross promotion* präsentiert. Denn die großen Neonlichtbänder, mit denen das Studio verkleidet ist, zeigt im ständigen Wechsel Werbung für Disney-Fernsehkanäle wie ABC, ESPN oder Lifetime, und ein daneben angebrachter riesiger Fernsehbildschirm präsentiert Werbespots für andere Disney-Produkte, wie Bücher oder Zeichentrickfilme.

Aber nicht nur Fernsehsendungen, sondern auch Kinofilme werden von Disney genutzt, um Besucher an den Times Square zu locken. So hat die Walt Disney Company einen Film auf den Markt gebracht, dessen Intention es ist, der Zielgruppe Vorortfamilie das Kurzurlaubsziel Times Square nahezulegen, um damit zur Umsatzsteigerung der eigenen Unterhaltungseinrichtungen beizutragen. Kurze Zeit nachdem der Disney-Store in der nun familiengerecht umgestalteten 42nd Street eröffnete, brachte die Tochterfirma Touchstone den Familien-Kinofilm *Jungle 2 Jungle* heraus (auf deutsch „Aus dem Dschungel - In den Dschungel" genannt). Der Hollywood-Streifen ist eine Neuverfilmung eines älteren französischen

Filmes, für den der Disney-Konzern die Rechte übernommen hat. Während der ursprüngliche Film von den Erlebnissen eines kleinen „Indianerjungen" in der Großstadt handelt, als er seinen ihm bis dahin unbekannten Vater in Paris besucht, ist die Handlung für die Neuverfilmung mit Tim Allen nach New York versetzt worden. Die Übernahme dieser scheinbar belanglosen Handlung brachte Filmkritiker z.b. in der New York Times dazu, zu staunen, weil „... es kaum einen Grund gibt, daß die Filmemacher nicht aus dem nichts mit einer besseren Geschichte kommen konnten" (Maslin, S.19). Diese Haltung ist verständlich, denn die Kriterien für die Auswahl des Drehbuches sind anscheinend auch nicht filmische Qualitäten gewesen, sondern waren offenbar vielmehr eine Entscheidung darüber, wie der Schauspieler Tim Allen am besten in einen Film eingebunden werden könnte, der möglichst gut geeignet ist, unterschwellig für Disneys Times Square-Projekt zu werben.

Denn neben der simplen Geschichte vom kleinen „Indianerjungen", die offensichtlich Kinder und Jugendliche ansprechen soll, zeichnet sich der Film vor allem durch drei weitere, marktstrategisch geschickt gewählte Eigenschaften aus: Zum einen ist der Film durch die Auswahl des bei Männern seit der Ausstrahlung der Familiensendung *Home Improvement* so beliebten Tim Allen als Hauptdarsteller in der Lage, außer den Kindern auch die Familienväter mit ins Kino zu locken. Zum anderen spielt der Film im wesentlichen in New York und wird durch die wunderschöne Darstellung der Stadt den Familien das Kurzurlaubsziel New York schmackhaft machen, so daß sie aufnahmebereit für die in den folgenden Monaten zu erwartende Berichterstattung über die Erneuerung des Times Square/42nd Street-Quartiers sind.

Außerdem wird sich durch den Film bei den Zuschauern auch im Unterbewußtsein eine Verknüpfung des Begriffes New York mit den Begriffen Disney und Times Square einprägen. Dies geschieht aber nicht durch klassische Werbung, bei der die Produkte als solche in Erscheinung treten, sondern in einer subtileren, eher an *product placement* erinnernden Form. Ähnlich wie sonst beim *product placement* gegen Bezahlung Markenprodukte als geheime Verführungen in Filmen eingeschleust werden, tauchen in *Jungle 2 Jungle* die leicht wiedererkennbaren Symbole des Disney Konzerns und des Times Square auf, ohne daß es einen wirklichen Bezug zur Handlung gibt. So wird der kleine „Indianerjunge" vor der charakteristischen Kulisse des Times Square gezeigt, obwohl diese Szene keine Bedeutung für das weitere Geschehen hat, und in der unmittelbar darauf folgenden Szene erscheint ein Schreibtischutensil mit Micky-Maus-Köpfen im Bild. Sollten diese Hinweise auch nur bei ein paar Prozent von den Millionen Zuschauern des Filmes ihre Wirkung entfalten, wird es sich für den Konzern günstig auf den Umsatz des Disney Store am Times Square auswirken.

Gegenseitige Werbung: *Der Disney-Konzern lockt Besucher mit Werbebotschaften in seinen Filmen zum Times Square. Sind sie dort angekommen, leuchtet ihnen dort gleich wieder Reklame von diversen Disney-Tochterfirmen entgegen. Denn die Ansicht des neuen Times Square wird beherrscht von den Werbetafeln auf dem Dach des Disney-Geschäfts in der 42nd Street, auf denen im ständigen Wechsel Entertainmentprodukte des Konzerns angepriesen werden.*

Und wenn der Besucher aus der Provinz schließlich in der 42nd Street steht und seine Urlaubsfotos macht, schließt sich ein weiterer Kreis der Disney-Marktstrategen. Denn die Ansicht des neuen Times Square wird von den riesigen, ständig wechselnden Werbetafeln auf dem Dach des Disney Store beherrscht, so daß die Touristen die Werbung für die aktuellen Film- und Fernsehproduktionen aus dem Hause Disney auf ihren Urlaubsfotos mit nach Hause nehmen. So wurde zum Beispiel im Herbst 1996, als der Film *Jungle 2 Jungle* auf den Markt kam und zusätzliche Kunden an den Times Square lockte, am Times Square eine große Werbetafel aufgestellt, die mit Tim Allens Konterfei sein zweites Buch *I'm not really here* anpreist. So kann denjenigen Kunden, die durch den Film mit Tim Allen an den Times Square gelockt wurden, gleich wieder das nächste Produkt mit Tim Allen verkauft werden.

Neben solchen verkappten Werbeaktionen nutzt die Walt Disney Company ihren Einfluß als einer der größten Medienkonzerne aber auch dazu, mit ganz ähnlichen Mitteln ihre Präsenz am Times Square zu rechtfertigen und den drastischen Wandel des Quartiers zu loben. Ein gutes

Beispiel war die Eröffnungszeremonie des ABC-Studios am Times Square im September 1999, für die der New Yorker Bürgermeister eingeladen wurde. Guiliani ließ zu diesem Anlaß den Times Square sperren und sorgte für eine Parade der New York Police Department's (NYPD) Band, der NYPD Highway Patrol Motor Bikes, und der NYPD Mounted Police Unit zu Ehren von ABC. Nach dieser eindrucksvollen Demonstration der Verbindung zwischen dem neuen „sicheren" Charakter des Times Square und der Anwesenheit von Disney wurde Guiliani darüber interviewt, wie sich der einst „schmuddelige" Times Square verändert hätte und wie erfolgreich seine Kriminalitätspolitik sei. Nach dem Gespräch wurde dann eine Aufführung von Broadwaysängern und -tänzern gezeigt, die natürlich Darsteller eines Disney-Musicals waren und dieses bewarben.

Zusätzlich zu so offensichtlichen Versuchen, über die Berichterstattung seiner Fernsehsender die öffentliche Meinung zu beeinflussen, nutzt der Disney-Konzern auch seine scheinbar harmlosen Zeichentrickfilme, um den Wandel des Times Square zu popularisieren. Zu diesem Zweck werden in die Filme zahlreiche selbstreferentielle Andeutungen, die mit Times Square-Motiven spielen, eingebaut. So wird beispielsweise in dem Zeichentrickfilm „Das große Krabbeln" gezeigt, wie einige der Insekten-Figuren in die „Stadt" gehen - die ein aus Abfall bestehender Nachbau des Times Square ist.

Disneys Motivation, solche Anspielungen in den Filmen unterzubringen wird in dem Zeichentrickfilm *Hercules* deutlich. Als Disney im Sommer 1997 die Premiere des Films in seinem neu eröffneten New Amsterdam-Theater mit einer Hercules-Parade durch Midtown Manhattan verband, wurde nämlich ein Film befeiert, in dem der Disney-Konzern sich selbst als „heldenhaft" darstellt. Die Geschichte von Disney und dem Times Square - ein verrufenes Stadtviertel, die Ankunft des eingreifenden „Saubermanns" und schließlich die Parade zur Feier der Firma, die hier ihr Geschäft eröffnet hat - wird nämlich in dem Film als antike Heldensage verkleidet und noch einmal erzählt.

In dem zentralen Teil des Filmes kommt der Halbgott Hercules in die Stadt Theben, die ganz offensichtlich als eine Art New York der Antike dargestellt wird. Damit das auch allen Zuschauern deutlich wird, heißt es über Theben in dem Film in Anspielung an Frank Sinatra „Wenn Du es hier schaffst, schaffst Du es überall". Der Filmheld Hercules geht dann auf den von hohen Häusern umgebenen zentralen Platz der Stadt, wo ihm „Verrückte" und Kleinkriminelle über den Weg laufen und ihm schließlich von arbeitenden Bürgern erklärt wird, wie schlimm die Kriminalität in der Stadt sei. Es folgt eine Szene, in der Hercules mit der Hydra kämpft und sie schließlich besiegt, so daß er von den Einwohnern der Stadt anschließend mit einer Parade gefeiert wird - und am zentralen Platz des antiken Theben ein *Hercules Store* errichtet wird.

Mit diesen Szenen gelingt es dem Unterhaltungskonzern, in einem Zeichentrickfilm, dessen Handlung auf klassischen Sagen basiert und der im antiken Griechenland spielt, sein eigenes Vorgehen am Times Square nachzuerzählen und als die bejubelnswerte Lösung darzustellen. So greift Disney als einer der mächtigsten Medienkonzerne der USA nicht nur am zentralen Platz der größten Stadt des Landes als wichtigster Investor ein, sondern liefert zeitgleich einem Millionenpublikum zu diesem Projekt auch die passende Meinung.

Noch erstaunlicher ist aber die Art und Weise, mit der Disney Werbebotschaften für die Siedlung Celebration in seinen Filmen unterbringt. Mit „geheimen Verführungen" sorgt Disney dafür, daß seine Zielgruppe im Unterbewußtsein schon mit Celebration vertraut wird. So wird zum Beispiel in der Sendung *Home Improvement* vor einem Millionenpublikum eben den Idealen und Wertvorstellungen gehuldigt, die denen von Celebration entsprechen. Hauptdarsteller Tim Allen spielt einen Fernsehmoderator in einer Werkzeugwerbesendung, der natürlich auch ein liebender Ehemann und Familienvater ist, und dessen Hobbys Auto, Heim und Garten sind. Als wertkonservativer Beschäftigter in der Medienindustrie wäre er damit schon der ideale Einwohner von Celebration. Doch darüber hinaus wird in der Sendung das Phänomen Nachbarschaft auch noch ganz besonders positiv hervorgehoben. So ist der zentrale Teil einer jeden Folge der Serie eine Szene, in der der Nachbar über den Gartenzaun hinweg einem der Familienmitglieder einen wertvollen Rat gibt, mit der die Familie eines ihrer Alltagsprobleme lösen kann. Auf diese Weise werden in einer der beliebtesten Fernsehserien der USA die Werte *neighborhood* und *community* in einer Art stilisiert und gepriesen, wie sie mit der Realität in den *suburbs* wenig zu tun hat, dafür aber genau den Idealen entspricht, die Celebration wiederherzustellen verspricht.

Bei einer genauen Betrachtung des Vorspanns dieser Fernsehserie wird erst recht deutlich, wie sich die Disney-Marketingexperten darum bemühen, die vielfältigen Möglichkeiten zur *cross promotion*, die es in ihrem Unternehmenskonglomerat gibt, auch für die Expansion in den Bereich Stadtplanung zu nutzen. Denn nachdem die Disney-Planer das Celebration Pattern Book erstellt hatten, haben sie sich entschlossen, den Vorspann von *Home Improvement* zu ändern: In der ersten Staffel der Serie bestand der Vorspann noch aus einer Collage von typischen suburbanen Häusern, wie sie in den sechziger und siebziger Jahren errichtet worden sind. In dem Vorspann der zweiten Staffel aber waren diese Häuser plötzlich verschwunden. Statt dessen ist ein computeranimiertes Gewirr aus Buchstaben zu sehen, die nach und nach den Titel der Sendung formen. Der marktstrategische Zweck dieses Buchstabengewirrs erschließt sich aber erst, wenn man sich die Mühe macht, den Vorspann in Zeitlupe anzusehen. Denn für den Betrachter unmerklich werden darin für Bruchteile von Sekunden

Bilder der Bauelemente der sechs Haustypen aus dem Celebration Pattern Book eingeblendet. Die Bilder sind zu kurz zu sehen, um sie bewußt wahrzunehmen, doch im Unterbewußtsein der Zuschauer werden sie sich wohl spätestens nach der zehnten Folge eingeprägt haben. Mit solchen versteckten Bildern kann der Disney-Konzern bei der Zielgruppe für neotraditionelle Siedlungen, den jungen Familien, schon jetzt die Celebration-Architektur im Gedächtnis verankern. Die potentiellen Kunden werden dann eines Tages, wenn auch in ihrer Gegend eine Celebration-Siedlung gebaut wird, überrascht feststellen, daß die sechs Haustypen ihnen irgendwie vertraut vorkommen und deshalb tatsächlich ihren Vorstellungen von einem angenehmen Wohnort entsprechen.

Der Disney-Konzern nutzt also sowohl beim Times Square als auch bei Celebration sein kulturelles Kapital, die Vorstellungen von urbanen Qualitäten einer ganzen Generation von Amerikanern beeinflußt zu haben, sie in einer bestimmten Form visualisieren zu können und diese Bilder und Wertvorstellungen durch seine anderen Medienprodukte zu popularisieren. So werden die Vorstellungen darüber, welche gemeinschaftlichen Werte und urbanen Qualitäten verloren geglaubt und als wiederherstellungswürdig gelten, vom Medienkonzern Disney mit beeinflußt und zu Wunschbildern verarbeitet, die in der 42nd Street oder in Celebration ihre Erfüllung finden. Damit sind Disneys Projekte die ersten medial inszenierten Stadtplanungs-vorhaben, die vollständig in den Vermarktungszyklus eines Unterhaltungs-konzerns eingebunden sind. Insofern stellen der neue Times Square und Celebration eine beunruhigende Neuerung im Stadtplanungsbereich da, denn sie verdeutlichen, auf welche Art und Weise in einer hochentwickelten Freizeit- und Dienstleistungsgesellschaft die Vorstellungen von Urbanität durch Unterhaltungskonzerne geprägt und auf verdeckte Weise vermarktet werden können.

14. Abgrenzung und Ausgrenzung

Die Disney-Projekte am New Yorker Times Square und in Celebration sind ein weiterer Schritt in der Entwicklung der amerikanischen Großstadtregionen zu sozial und räumlich fragmentierten Landschaften der Simulation. Nachdem *urban entertainment destinations* zur treibenden Kraft der innerstädtischen Stadterneuerung geworden sind, und Disney sich an die Spitze dieser Entwicklung gesetzt hat, sind in den kommenden Jahren noch weitere Projekte dieser Art zu erwarten. Ebenso zeichnet sich ab, daß der Bau von neotraditionellen Siedlungen in den amerikanischen *suburbs* in Zukunft eine bedeutende Rolle spielen wird. Schon jetzt hat der New Urbanism eine Welle des Interesses in der Bauwirtschaft, bei Politikern,

Planern und sogar beim amerikanischen Bauministerium hervorgerufen, so daß er als eines der derzeit bedeutendsten Phänomene in der amerikanischen Stadtplanung gilt (vgl. Harvard Design Magazine). Dabei ist zu erwarten, daß sich bei der zunehmenden Zahl dieser Siedlungen der Disney-Konzern in Zukunft noch öfter beteiligen wird. So wird beispielsweise in Lake County unweit von Orlando bereits die nächste Siedlung nach den Konzepten der New Urbanists geplant. Die neue Stadt, die ungleich größer werden soll als Celebration, trägt den Projektnamen Horizon West und soll auf 26.000 Hektar, die heute noch Orangenhaine sind, errichtet werden. Sie wird von mehreren Developern gemeinsam geplant, wobei auch hier die Disney Development Company mit ihrem gestalterischen und planerischen Know-how maßgeblich beteiligt ist.

Darüber hinaus sind auch die anderen führenden Medienkonzerne dabei, in Themenparks und innerstädtische Unterhaltungszentren zu investieren und ahmen dabei die Vermarktungsmethoden, Gestaltungsprinizpien und Organisationsformen des Vorbilds Disney nach. AOL Time Warner kooperiert mit der Six Flags-Vergnügungsparkkette und hat dort, nach dem Muster von Disney, seine aus Zeichentrickfilmen bekannten Comic-Figuren wie Bugs Bunny als wiedererkennbare Motive eingeführt. Auch der dritte große amerikanische Medienkonzern, CBS Viacom, ist dabei, mit fünf Paramount-Themenparks in diesen Bereich zu expandieren. Außerdem haben sich ja sowohl AOL Time Warner als auch CBS Viacom kurz nach Disney entschlossen, sich am Times Square Projekt mit eigenen *urban entertainment destinations* zu beteiligen. Und auch der japanische Unterhaltungskonzern Sony, der in der Medienindustrie durch seine amerikanischen Tochtergesellschaften CBS Music und Columbia Pictures eine wichtige Rolle spielt, hat vor, in innerstädtische Projekte zu investieren. Mit seiner neu gegründeten Tochtergesellschaft Sony Retail Entertainment will der Konzern in vielen amerikanischen Großstädten Unterhaltungs- und Einzelhandelskomplexe errichten.

Angesichts der Zunahme solcher Projekte und der weitreichenden Ambitionen der Medienindustrie stellt sich die Frage, welche Auswirkungen dieser Wandel auf die Struktur der Stadtregionen haben wird. Da die amerikanischen Großstadtagglomerationen von ethnischer Segregation, wachsenden sozialen Gegensätzen sowie zunehmender Ausgrenzung und Überwachung geprägt sind, ist vor allem von Bedeutung, welche Auswirkungen auf die Arbeitsmärkte der *inner cities* und der *suburbs* von den neuen Konsum- und Freizeitdiensten zu erwarten sind, und ob damit eine Zunahme der Aus- und Abgrenzungsmaßnahmen durch die weiße Mittel- und Oberschicht verbunden ist.

Die *urban entertainment destinations* lösen, wie am Beispiel des Times Square deutlich wurde, den bisher dominanten Bürohochhausbau als treibende Kraft der Stadtplanung in den *inner cities* ab. Waren bis in die achtziger Jahre hinein noch die produktionsorientierten Dienstleistungen der dominierende Faktor für die Entwicklung der *central business districts*, so sind es heute die konsumorientierten Dienstleistungen für Touristen und Vorortbewohner, die diese führende Rolle übernehmen. Dieser Wandel hat nachhaltige Auswirkungen auf die Arbeitsmarktstruktur der *inner cities*. Bereits in den letzten Jahren hat die Zunahme der produktionsorientierten Dienstleistungen in den amerikanischen Städten, vor allem in den sogenannten *global cities*, zu einer Polarisierung der Arbeitsmärkte geführt. Die Unterschiede zwischen den sozialen Gruppen haben sich dabei auf eine Weise verschärft hat, die vor allem zu Lasten der benachteiligten ethnischen Minderheiten und Immigranten ging. Diese Entwicklung scheint nun durch die neue Form von Konsumdiensten, wie den *urban entertainment destinations*, noch verstärkt zu werden. Denn die Branche der privatwirtschaftlich organisierten Freizeitdienste zeigt ebenfalls eine Tendenz zur Polarisierung der Qualifikations- und Einkommensstruktur insbesondere zu Lasten der ethnischen Minderheiten.

Das gleiche gilt für den Trend, soziale Dienste, die bisher vom Staat erbracht wurden, in den bestehenden Städten zu privatisieren, wie es sich neuerdings im Bildungsbereich abzeichnet, und erst Recht für neue Städte nach dem Muster von Celebration, in denen sämtliche sozialen Dienste von einem großen Konzern organisiert werden. Denn der von der Expansion der privatwirtschaftlich organisierten sozialen Dienste geprägte amerikanische Weg in die Dienstleistungsgesellschaft ist mit einer Zunahme von Arbeitsplätzen für Frauen verbunden und gleichzeitig durch eine Spreizung der Einkommensstruktur charakterisiert. Diese Ungleichheit ist nicht nur Folge, sondern auch Triebkraft der Entwicklung, denn die Ungleichheit der Einkommen ist eine der Voraussetzungen für den wachsenden Konsum von Dienstleistungen (vgl. Häußermann und Siebel).

Die derzeitigen ökonomischen und gesellschaftlichen Veränderungen sind deshalb mit einer Umwälzung des Arbeitsmarktes verbunden, deren Hauptmerkmal die Herausbildung eines „weiblichen Service-Proletariats" im Bereich der privatwirtschaftlich organisierten Dienstleistungen ist. Diese dramatische Veränderung des Arbeitsmarktes wird maßgeblich von politischen Maßnahmen beeinflußt. Dabei kommt vor allem der staatlichen Wohlfahrtspolitik eine herausragende Bedeutung zu, weil unterschiedliche Interaktionen zwischen Wohlfahrtsstaat und Arbeitsmarkt unterschiedliche postindustrielle Muster produzieren und die Verteilung von Arbeitsplätzen nach Geschlecht und rassischem und ethnischen Hintergrund beeinflussen (vgl. Esping-Andersen).

Die Bedeutung dieses Einflußfaktors ist derzeit in den USA angesichts der massiven Veränderungen des staatlichen Wohlfahrtssystems zu beobachten. Das im Vergleich zu europäischen Maßstäben sowieso schon lange unzureichende soziale Netz wird bereits seit der Reagan-Ära immer schwächer. Und auch unter Präsident Clinton wurden zunehmend Wohlfahrtsprogramme gekürzt. Im Bundesstaat Wisconsin ist dieser Prozeß besonders weit vorangeschritten, denn hier wurden die von der Bundesregierung vorgegebenen Rahmenbedingungen maximal ausgeschöpft. Für die allermeisten einstigen Empfänger staatlicher Hilfsprogramme wurde ein Arbeitszwang eingeführt, und so die Zahl der Familien, die von der Wohlfahrt leben zwischen 1989 und 1999 von 100.000 auf 7.700 verringert (vgl. DeParle). So findet seit einigen Jahren in den USA eine Reform des sozialen Sicherungssystems statt, die dessen Auflösung nahekommt.

„Sie schafft das Recht auf Sozialhilfe ab (nicht zuletzt auch die im Social Security Act von 1935 festgeschriebene staatliche Hilfe für gefährdete Kinder), die Annahme unterbezahlter Jobs wird zur Staatsbürgerpflicht und für die Armen zum einzigen Mittel, den Lebensunterhalt zu bestreiten, wenn sie nicht kriminell werden wollen. Diese ‚Reform' der Sozialhilfe, die sich auf den viktorianischen Mythos stützt, daß Armut auf die Nachlässigkeit der Bedürftigen und auf das schlechte Funktionieren eines zu großen Wohlfahrtsstaates zurückzuführen ist, will ‚den Zyklus der Abhängigkeit durchbrechen'." (Wacquant, S. 14)

Bei dieser „Reform" ist allen Beteiligten klar, daß die Betroffenen zum allergrößten Teil afro-amerikanische Frauen aus den Ghettos der Städte sind. Denn die Diskussion über die Abschaffung des Wohlfahrtssystems rührt vor allem daher, daß die bestehenden Regelungen über fünfzig Jahre alt sind und heute einer anderen Bevölkerungsgruppe zugute kommen, als ursprünglich konzipiert. Bei seiner Einführung war das amerikanische Wohlfahrtssystem darauf ausgelegt, vorübergehend in Not geratenen Frauen, vor allem Witwen mit Kindern als Reproduzentinnen der weißen Mittelklasse und deren Wertesystem, zur Ausübung dieser gesellschaftlichen Rolle für eine Übergangszeit finanziell zu unterstützen. Deshalb stellt die zu diesem Zweck geschaffene Aid for Families with Dependent Children (AFDC) bis heute den umfangreichsten Teil des Wohlfahrtssystems dar.

Heutzutage aber stellen afro-amerikanische junge Frauen den Großteil der Empfängerinnen des AFDC. In dem Maße wie nun diese Frauen die Programme in Anspruch nehmen, sinkt die Bereitschaft der weißen Mittelschicht, diese Programme finanziell zu unterstützen. So sind die staatlichen Wohlfahrtsprogramme in den letzten Jahren einer massiven Kritik aus dem konservativen Lager ausgesetzt gewesen, die schließlich in die derzeitige „Reform" mündete. Während so durch die Einschränkungen des Wohlfahrtssystems den ethnischen Minderheiten, und dabei vor allem den Frauen, bedeutet wird, daß sie sich um ihre Existenzsicherung bemühen müssen, entstehen gleichzeitig neue unterbezahlte Jobs für das „weibliche Service-Proletariat" im Bereich der konsumorientierten Dienstleistungen. Auf diese Weise wird den afro-amerikanischen Frauen ihr Platz in der amerikanischen „Dienstbotengesellschaft" gewiesen. Damit bleibt das traditionelle Rollenverhältnis zwischen weißen Vorortbewohnern als

Konsumenten und den Angehörigen der städtischen ethnischen Minderheiten als Dienstleistenden erhalten - und wird durch die Zunahme der neuen Konsum- und Freizeitdienste noch gefestigt.

Die zunehmende soziale Polarisierung durch die Expansion der Konsum- und Freizeitdienste, die damit verbundene Reproduktion der traditionellen Rollen der ethnischen und gesellschaftlichen Gruppen sowie die räumliche Trennung dieser einzelnen Gruppen als Basis der räumlichen Organisation der Großstadtregionen sind auch das zugrundeliegende Prinzip von Disneys Stadtplanungsprojekten. Denn einerseits ist die beschriebene soziale Polarisierung deren ökonomische Voraussetzung und andererseits sind Ausgrenzung und Abgrenzung von bestimmten Nutzungen und Personen eine auch durch die Gestaltung symbolisierte Grundlage der Projekte.

Der Times Square ist ein Symbol des Wandels der amerikanischen Städte im Laufe des 20. Jahrhunderts, der einst Großstadtkultur versinnbildlichte und der in der Nachkriegszeit zu einem Wahrzeichen der ökonomischen Krise und sozialen Widersprüche der Städte wurde. Wenn unter Führung des Disney-Konzerns dieser Ort nun wieder zu einem viel besuchten Touristenzentrum wird, markiert dies einen ökonomischen und einen kulturellen Wandel. Denn mit dem Projekt werden nicht nur, wie bereits erwähnt, *urban entertainment destinations* als der beste Weg zur Lösung der wirtschaftlichen Probleme der Städte präsentiert, sondern gleichzeitig auch ein prominenter Ort einer Nutzung zugeführt, die dafür sorgt, daß sich nicht mehr wie bisher vorwiegend Angehörige der ethnischen Minderheiten dort aufhalten werden, sondern vorwiegend weiße Touristen und Vorortbewohner. Denn von der Ausgrenzung betroffen sind vor allem solche Personengruppen, denen in den USA typischerweise ethnische Minderheiten zugeordnet werden, wie Prostituierte,[4] aber auch die von den Maßnahmen der Stadtverwaltung betroffenen jungen Männer, die sich im Umfeld von Sex-Shops aufhalten und deren Gegenwart eines der Phänomene war, die erklärtermaßen durch die neuen *adult entertainment regulations* beendet werden sollten.

Dieser symbolische Schritt zur Wiedereinnahme des Times Square durch die weißen Vorortbewohner wird durch die auf das Aussehen des Quartiers in der ersten Hälfte des 20. Jahrhunderts bezug nehmende Gestaltung noch verstärkt. Denn damit wird der Zeitabschnitt beschworen, der die letzte Ära war, in der die Städte noch in der Hand der weißen Mittelklasse waren. Das Vorhaben, den Times Square wieder zu einem Vergnügungsviertel zu machen „wie es bis in die vierziger Jahre war" impliziert deshalb, daß es hier darum geht, der weißen Mittelklasse ein

---

4   Prostitution wird in den USA nach wie vor als ein Verbrechen ethnischer Minderheiten stigmatisiert. Als der typische Fall von Prostitution gilt der weiße mittel-alte Mann, der eine junge afro-amerikanische Prostituierte aufsucht (vgl. Mann).

Stück der Stadt zur Nutzung zurück zu gewinnen. Da gleichzeitig die neu entstehenden Arbeitsplätze solche für das neue Service-Proletariat sind, wird mit dem Times Square-Projekt auch die traditionelle Rollenverteilung wiederhergestellt: Auf der einen Seite die weiße suburbane Mittelklasse und die Touristen als Kunden und auf der anderen Seite die städtischen Minderheiten als die „Dienenden".

Auch in Celebration implizieren die Gestaltung und die Organisation eine bestimmte Rollenverteilung der ethnischen Gruppen und eine Abgrenzung der weißen Mittelschicht von den Minderheiten. Zwar haben die Disney-Manager vollmundig angekündigt, hier würde ein Modell für die Zukunft der amerikanischen Siedlungen geschaffen, und verweisen auf die unterschiedlich großen Häuser und Wohnungen, die zu einer Art sozialen Mischung führen sollen. Dennoch ist erkennbar, daß es sich dabei nur um eine gewisse Bandbreite innerhalb der weißen Mittelklasse handelt. Denn die Siedlung vermeidet zwar bestimmte städtebauliche Mängel der *suburbs*, unterscheidet sich aber trotzdem genau so sehr bewußt von den Städten mit ihren sozialen Konflikten und ihren Minderheiten-Quartieren, wie es bei den Vororten schon immer der Fall war. Der Unterschied bei Celebration liegt darin, daß hier diese Abgrenzung nicht wie in der klassischen amerikanischen *suburbia* durch einen städtebaulich qualitätslosen verschwenderischen Umgang mit der Landschaft im semiruralen Bereich, oder wie in den *gated communities*, durch Mauern vorgenommen werden muß. Statt dessen sorgt der Disney-Konzern in Celebration mit seiner symbolischen Architektur und der ostentativen Bezugnahme auf die Kleinstadt der Vergangenheit für die Abgrenzung von der Großstadt der Gegenwart.

Die Gestaltung ebenso wie die Vermarktungsstrategien neotraditioneller Siedlungen in den USA sind nämlich darauf ausgerichtet, sich von den anderen Teilen der Großstadtregionen und insbesondere von den Innenstädten abzugrenzen. Deshalb wird eine historisierende Architektur verwendet, an der deutlich wird, daß sich die neuen Siedlungen von den *inner cities* als dem „Anderen" unterscheiden (vgl. Till).

Das gilt auch für Celebration. Denn die Verwendung von Motiven und Architekturstilen, die an eine historische Kleinstadt im Südosten der USA erinnern sollen, kann eigentlich nur bei Weißen positive Gefühle hervorrufen. Für Afro-Amerikaner dagegen sind negative Erinnerungen damit verbunden. So hat Disneys Bezugnahme auf historische Märkte in Florida dazu geführt, daß einige Pavillons in Celebrations Market Street genau wie die Gebäude des ehemaligen Sklavenmarkts von St. Augustine, der ältesten Stadt Floridas, aussehen (vgl. Frantz und Collins).

Dieses extreme Beispiel bedeutet zwar nicht, daß die Disney-Planer diese Architektur ausschließlich gewählt hätten, um Minderheiten regelrecht abzuschrecken. Doch angesichts der Apartheid-Politik und der Rassentrennung im öffentlichen Raum, die bis zur Mitte des 20. Jahrhunderts die Städte im Südosten der USA prägten (in Orlando waren Schwarze bis 1950 von bestimmten Wahlen ausgeschlossen), können Afro-Amerikaner wohl kaum Disneys Versprechen, verlorene Kleinstadtqualitäten wieder erschaffen zu wollen, attraktiv finden. So kann es auch nicht verwundern, daß bisher kaum Angehörige ethnischer Minderheiten Interesse an Celebration gezeigt haben, und in den ersten Jahren nur fünf schwarze Familien hierher gezogen sind (ebd.). Doch auch wenn in Celebration kaum Angehörige der Minderheiten wohnen, so arbeiten doch viele von ihnen hier. Denn privatwirtschaftlich organisierte Konsumdienstleistungen, wie sie Disney in Celebration anbietet, werden ja überwiegend vom weiblichen, den Minderheiten angehörenden Sevice-Proletariat erbracht.

Das bedeutet, daß Celebration, auch wenn es als eine Wiedergewinnung bestimmter urbaner Qualitäten vermarktet wird, im Wesentlichen auf dem selben Prinzip der Abgrenzung von den Kernstädten beruht, wie es auch bei den herkömmlichen *suburbs* der Fall war. Nach wie vor ziehen viele Vorortbewohner das Leben in den *suburbs* der Stadt vor, weil sie in einer Atmosphäre der sozialen Homogenität wohnen wollen. Die neotraditionellen Siedlungen bieten diesen Menschen nun ein urbanes Flair, blenden dabei aber die Probleme der realen Städte aus. Während so absurderweise für große Kosten am Stadtrand neue Infrastruktur geschaffen wird und künstliche verdichtete Stadtkerne errichtet werden, verfallen in den Städten weiterhin ganze Viertel, die die vermißten urbane Qualitäten haben und die renoviert werden könnten.

Die Nachverdichtung im bereits besiedelten suburbanen Ring und in den Städten gehören zwar offiziell ebenfalls zum Programm des New Urbanism. Doch bisher ist vor allem der Bau von einzelnen Satelliten mit künstlichem Stadtkern in dem die Großstadtregionen umgebenden semiruralen Bereich zu beobachten. So wird aber in den *suburbs* eine künstliche Urbanität produziert, die davon ablenkt, daß die wirklichen Probleme der amerikanischen Regionen nur durch eine gerechtere Verteilung der Ressourcen und einen Ausgleich zwischen den Städten und den Vororten auf politischer Ebene erreicht werden können.

Die Disneyfizierung der amerikanischen Städte ist deshalb alles andere als ein rein ästhetisches Problem. Ausdrücke wie „Disneyland-Fassaden" werden zwar schon seit langem in der Architekturkritik verwendet, um eine kitschige Gestaltung zu beanstanden. Erst seit dem Boom der unterhaltungs-orientierten Stadterneuerung werden solche Begriffe aber auch tatsächlich im Zusammenhang mit Projekten der Entertainmentindustrie verwendet. Stacy Warren beispielsweise hat eine Beschreibung der (erfolglosen) Stadtplanungs-Aktivitäten des Disney-Konzerns in Seattle *Disneyfication* genannt, sich dabei aber nicht mit multimedialen Vermarktungsstrategien oder den Folgen für den Arbeitsmarkt beschäftigt (vgl. Warren).

Der Begriff Disneyfizierung, wie er in diesem Buch verwendet wird, ist aber umfassend gemeint - als Beschreibung des Wandels der Stadtregionen auf dem Weg in eine marktwirtschaftlich orientierte, von Unterhaltungskonzernen beherrschte Freizeit- und Dienstleistungsgesellschaft. Dabei ist die Disney-typische kitschige Gestaltung nicht das einzige Problem. Sie spielt aber eine wichtige Rolle in der Kombination von sozialer Polarisierung, Ausgrenzung Benachteiligter, neuartiger Inszenierung von Urbanität, multimedialer Vermarktung *und* historisierender Gestaltung als zueinander gehörende, sich gegenseitig ergänzende und legitimierende Elemente.

Teil V: Die Illusion von der „europäischen Stadt"

15. Fragmentierte Stadtregionen

Auch in Europa ist der Unterhaltungskonzern Disney mit seinen Comicfiguren, Zeichentrickfilmen, Musicals und *merchandising*-Produkten allgegenwärtig. Diese Palette wird seit einigen Jahren noch durch den Themenpark Disneyland Paris abgerundet. Stadtplanungsprojekte der Walt Disney Company, die mit der Erneuerung des Times Square oder mit Celebration vergleichbar wären, gibt es allerdings noch nicht. Dennoch schreitet in vielen Ländern Europas die Disneyfizierung der Städte voran - auch in der Bundesrepublik. Denn einerseits investieren auch hier globale Medienkonzerne in unterhaltungsorientierte innerstädtische Projekte, die wie am Times Square die Struktur der Kernstädte tiefgreifend verändern. Und andererseits werden auch in Deutschland mittlerweile neotraditionelle Siedlungen gebaut, die mit Celebration viele Gemeinsamkeiten haben.

Diese Entwicklung ist eigentlich nicht überraschend, denn bei einer genaueren Betrachtung der Struktur der Großstadtregionen in der Bundesrepublik zeigen sich einige Parallelen zu den amerikanischen *metropolitan areas*. Einfamilienhausideal, Autowahn, soziale Polarisierung und ethnische Segregation haben in den vergangenen Jahrzehnten auch die Ballungsräume in Deutschland verändert. Die suburbanisierten Bereiche rund um die Großstädte sind zwar nicht so flächenhaft bebaut, und die Probleme der Kernstädte haben keine so dramatischen Ausmaße angenommen wie in den Vereinigten Staaten. Doch der Gegensatz zwischen den abwechslungsarmen, automobilorientierten Einfamilienhausgebieten der Mittelschicht und den sozial polarisierten Innenstadtgebieten wächst auch in der Bundesrepublik. Diese Dualstruktur bildet die Grundlage für die Vermarktung geschützter urbaner Erlebniswelten - und bietet ein Potential für die Durchsetzung von planerischen Konzepten, wie sie auch der Disney-Konzern forciert.

Das Ende der traditionellen Stadtstruktur

Der Gegensatz zwischen dicht bebauter Stadt und agrarisch geprägtem Umland mit einzelnen eingestreuten Dörfern, wie er noch bis zur Mitte des

20. Jahrhunderts das Bild vieler mitteleuropäischer Ortschaften geprägt hat, wird seit dem Ende der Nachkriegszeit immer weiter aufgelöst. Zwar hatte schon die Industrialisierung im 19. Jahrhundert zur Entstehung eines von Industriegebäuden, Bahnflächen, Kleingärten und auch Villenkolonien geprägten Übergangsbereiches zwischen Stadt und Land geführt, doch dieser war im Vergleich zur heutigen Situation noch nicht stark ausgeprägt. Erst die Einführung der sozialen Marktwirtschaft, die Massenautomobilisierung der Nachkriegsjahre und die daraus resultierende Dominanz des städtebaulichen Leitbildes von der „gegliederten und aufgelockerten Stadt" leiteten den Wandel ein. Erstmals in der Geschichte erschien weiten Teilen der Bevölkerung der Erwerb von Grundeigentum oder das Leben in einer Mietwohnung „im Grünen" nicht nur erstrebenswert sondern auch möglich, so daß eine massive Bautätigkeit in den Stadtrandbereichen einsetzte. Gefördert durch entsprechende Wiederaufbau- und Verkehrsplanungen, entwickelte sich am Stadtrand - teilweise innerhalb, teilweise außerhalb der politischen Grenzen der Stadt gelegen - ein Siedlungsbereich, dessen lockere Bebauung und starke Durchgrünung dem traditionellen Bild der Stadt kaum noch entspricht.

Diese neuen, bis heute in ihrer Bedeutung ständig zunehmenden Wachstumszonen der Großstadtregionen sind gerade in der Bundesrepublik stark ausgeprägt. Zunächst war es die große Zahl hinzukommender Flüchtlinge in der Nachkriegszeit, dann die durch die Automatisierung der Landwirtschaft geförderte weitere Verstädterung und schließlich der Zuzug von Migranten aus anderen Ländern, der - gemeinsam mit dem anhaltenden wirtschaftlichen Wachstum und dem beständig zunehmenden Wohnflächenkonsum - dazu führte, daß die westdeutschen Stadtregionen außergewöhnlich stark wuchsen. Dementsprechend zeichnet sich die Bundesrepublik heute durch eine auffallend hohe Konzentration der Bevölkerung in wenigen Ballungsräumen aus, die nur noch von wenigen Staaten, wie den Niederlanden oder Japan, übertroffen wird. Die Mehrheit der Deutschen lebt heute in einem Dutzend Agglomerationen, und dort nicht etwa in den dicht bebauten Bereichen der Kernstädte, sondern in den erst seit der Nachkriegszeit entstandenen, locker bebauten Stadtrand- und Einfamilienhaussiedlungen.

Der Fortzug vieler der einst dominierenden Facharbeiter, Kleinbürger und Besserverdienenden hat auch in den Kernstädten zu einem Funktions- und Strukturwandel geführt. In den Quartieren der wilhelminischen Ära wohnen heute vorwiegend je nach Lagegunst und sozialem Prestige entweder Migranten und Menschen, die von staatlichen Transferleistungen abhängig sind, oder aber lifestyle-orientierte Aufsteiger und Angehörige des Bildungsbürgertums. Diese soziale Polarisierung der Städte hat infolge des wirtschaftlichen und gesellschaftlichen Wandels in den letzten zwanzig Jahren noch weiter zugenommen.

Vor allem in den Großstädten tritt das deutlich zutage. Im Zuge der Tertiarisierung und des mit der Globalisierung verbundenen Wandels der Wirtschaft haben sich einige Städte zu Dienstleistungsstandorten entwickelt, die als Verknüpfungspunkte zwischen der nationalen bzw. regionalen Ökonomie und den sich rasant entwickelnden globalen Güter- und Kapitalmärkten dienen. Da diese Entwicklung auch in der Bundesrepublik bisher weitgehend dem marktwirtschaftlich orientierten anglo-amerikanischen Modell folgt, sind die Auswirkungen auf die lokalen Arbeitsmärkte meist ungünstig. Während die Beschäftigten mit herkömmlichen, gewerkschaftlich abgesicherten Arbeitsplätzen im mittleren Einkommensbereich immer weniger werden, steigt die Zahl derer, die entweder zu den Eliten der neuen global orientierten Dienstleister oder aber zur wachsenden Gruppe der Dauerarbeitslosen und Unterbeschäftigten mit mangelnder sozialer Absicherung gehören.

Die Folgen der neuen sozialen Ausdifferenzierung werden in den von der Tertiarisierung stark betroffenen Finanzzentren besonders deutlich, weil hier die Gegensätze am stärksten aufeinander prallen. So zum Beispiel in der Bankenmetropole Frankfurt, wo die Eliten meinen, sich vor den sozial benachteiligten Bewohnern der angrenzenden Stadtviertel schützen zu müssen und deshalb ihre Territorien abgrenzen, indem sie Wohnviertel und Dienstleistungsstandorte nach neuesten Sicherheitsstandards umbauen (vgl. Ronneberger 1994).

Mittlerweile läßt sich diese soziale und räumliche Fragmentierung in den Shoppingmeilen fast aller deutscher Großstädte spüren. Schon mit dem Wiederaufbau setzte die Herausbildung monofunktionaler Einkaufs- und Dienstleistungszentren ein. Die Planungen der vergangenen Jahrzehnte haben diese Entwicklung noch weiter forciert, so daß sich die historischen Stadtkerne heute überall in Deutschland mit ihren Fußgängerzonen, Bürogebäuden, Einkaufspassagen, Schnellimbissen, Straßenmöbeln und den immer gleichen Filialen der Einzelhandelskonzerne als standardisierte Konsumzonen präsentieren.

Durch diese Kommerzialisierung und Vereinheitlichung werden die Unterschiede bezüglich der Nutzungsstruktur zwischen den Zentren deutscher Großstädte und den amerikanischen *central business districts* immer geringer. Die Differenz besteht vor allem aus der andersartigen baulichen Ausprägung, denn in den bundesdeutschen Städten ist der Bau von Hochhäusern stark eingeschränkt, und wenn Kriegszerstörung und Wiederaufbauplanungen etwas übrig gelassen haben, lassen sich oft auch noch eine Reihe historischer Reminiszenzen finden.

Doch selbst wenn eine deutsche Fußgängerzone oder „Kneipenstraße" noch ältere Bausubstanz aufweist, hat dies mit einer traditionellen, gemischt genutzten Stadtstruktur nicht mehr viel zu tun. Statt dessen handelt es sich bei der „Altstadt" meist um ein Shopping-Center mit historischen Fassaden:

Fachwerkhäuser werden auseinandergenommen, denkmalgerecht wieder neu zusammengesetzt und anschließend als Einzelhandelsfläche genutzt; hinter den Fassaden historischer Gebäude befinden sich Ladenpassagen oder Kaufhäuser, für die ganze Blöcke „entkernt" wurden; und in den wilhelminischen Gebäuden befinden sich im Erdgeschoß Jeansgeschäfte, Imbisse oder Spielhallen, während die Obergeschosse Anwaltskanzleien und Werbeagenturen beherbergen. Das soll nicht heißen, daß Denkmalpflege oder die Erhaltung historischer Bausubstanz keine sinnvollen Maßnahmen zur Sicherung kultureller Werte sein können. Sie bieten aber für sich genommen noch keinen Schutz gegen den strukturellen Wandel der Innenstädte. Deshalb sollte man sich von den hübschen Fassaden, der mühevollen Pflasterung oder den historisierenden Straßenlaternen nicht darüber hinweg täuschen lassen, daß die Kerngebiete deutscher Innenstädte bezüglich der Nutzung ihren amerikanischen Pendants immer ähnlicher werden.

Auf diese Weise sind auch in den deutschen Stadtzentren Konsumzonen entstanden, die sich von ihren Gegenparts am Stadtrand, den *shopping malls*, immer weniger unterscheiden. Schon die Herkunft und die Aufenthaltszeiten der Kundenströme zeigen erstaunliche Parallelen. Wie die großen Einkaufszentren auf der grünen Wiese sind die Fußgängerzonen zum allergrößten Teil von Stadtrandbewohnern bevölkert, die mit dem Auto hierher fahren, um ihre Einkäufe zu erledigen. Außerhalb der Ladenöffnungszeiten herrscht dagegen gähnende Leere, denn eine nennenswerte Zahl von Bewohnern gibt es in den Fußgängerzonen fast ebenso wenig wie in den *malls*.

Angesichts der einseitigen Ausrichtung auf bestimmte Konsumzwecke verwundert es nicht, daß auch in der Bundesrepublik versucht wird, urbanen Abwechslungsreichtum zu inszenieren und mit der Sicherheit kontrollierter Aufenthaltsbereiche zu kombinieren. Denn während sich die Betreiber von Einkaufszentren bemühen, mit allerlei Veranstaltungen urbanes Flair in ihren Komplexen zu verbreiten, versuchen Geschäftsinhaber, Wirtschafts- förderer und Planer, *shopping mall*-artige Qualitäten in die Stadtzentren zu bringen. Dementsprechend wird in den Innenstädten der Anteil privater Konsumzonen in Form von Passagen oder Kaufhäusern immer größer.

Auch der dazwischen liegende öffentliche Raum wird zunehmend kontrolliert. Vor allem in den Fußgängerzonen bemühen sich Interessen- gruppen wie beispielsweise City-Werbegemeinschaften um ein makelloses Erscheinungsbild. Zu diesem Zweck heuern sie unter anderem private Reinigungs- und Sicherheitsdienste an, so daß denjenigen, die nicht willens oder in der Lage sind zu konsumieren, deutlich wird, daß sie sich in diesem Bereich nicht mehr aufhalten sollen. Auf diese Weise haben sich auch die deutschen Innenstädte zu inszenierten Konsumbereichen entwickelt, deren Gestaltung und Organisation sich an den vermeintlichen Bedürfnissen derjenigen Kunden orientiert, die selbst in locker bebauten Stadtrand- und Vorortgebieten wohnen, und für die der Begriff „Stadt" vor allem „Shopping- und Unterhaltungsbereich" bedeutet.

Wohnidyllen und Gewerbeparks

Die Menschen, die in den zunehmend als Konsumzonen ausgestalteten Stadtzentren tagsüber als Kunden anzutreffen sind, gehören zum überwiegenden Teil der Mittelschicht und der Oberschicht an und wohnen in den seit der Nachkriegszeit entstandenen Stadtrand- und Vorortgebieten. Denn die jahrzehntelange Dominanz des Einfamilienhaus- und Automobilideals hat dazu geführt, daß die meisten Bundesbürger heute in diesen Übergangszonen zwischen Stadt und Land lebt, deren Struktur bei einer genaueren Betrachtung verblüffend viele Gemeinsamkeiten mit den amerikanischen *suburbs* aufweist.

Durch planerische Steuerung ist es allerdings gelungen, eine flächenhafte Ausbreitung von Einfamilienhausgebieten wie in den USA zu verhindern. Statt dessen wurden in der Bundesrepublik viele mittelschichtsorientierte Mietshaussiedlungen noch innerhalb der politischen Grenzen der Städte errichtet, Einfamilienhausgebiete meist um bestehende Dörfer herum gebaut und größere Gewerbezonen nur an verkehrsgünstig gelegenen Standorten genehmigt. Dadurch entstand ein Siedlungsmuster, das im Vergleich zum amerikanischen Modell ökologisch wichtige Freiräume zwischen den einzelnen Siedlungen bewahrt und eine Versorgung der kompakten Wohnstandorte mit öffentlichen Nahverkehrsmitteln noch sinnvoll und möglich macht. Darüber hinaus haben vielfältige politische Maßnahmen, vor allem Eingemeindungen, kommunaler Finanzausgleich und Regionalplanung, verhindern können, daß die wirtschaftliche und fiskalische Basis der Städte dahinschwindet.

Trotz dieser offensichtlichen Vorteile birgt ein solches Siedlungsmuster und seine unkritische Betrachtung aber ein Risiko in sich. Denn nach wie vor wird die Bevölkerung des Randbereiches der Agglomerationen als Bewohner von „Städten" oder „Dörfern" bezeichnet - je nachdem auf welcher Seite der politischen Grenzen zwischen den Kommunen ihr Einfamilienhaus gerade liegt. So wird aber verkannt, daß es sich bei ihren Wohnorten gar nicht mehr um urbane oder ländliche Gebiete in ursprünglichen Sinn handelt. Statt dessen leben sie in einer Übergangszone, die hinsichtlich ihrer sozialen und ethnischen Homogenität, ihrer Automobilorientierung und des Lebensstils ihrer Bewohner weitgehend den amerikanischen *suburbs* entspricht.

In dieser „Zwischenstadt" (Sieverts) spielt sich das Leben fast ebenso wenig in herkömmlichen urbanen Räumen ab wie das der amerikanischen

Vorortbewohner. Vielmehr verbringen die Bewohner der Stadtrandbereiche ihren Alltag in einer eigenartig halbzersiedelten Landschaft aus Umgehungsstraßen, Reihenhauskomplexen, Tankstellen, Supermärkten, Möbeldiscountern, Gewerbeparks, Heimwerkermärkten, Parkplatzflächen, Industriegebieten und Einfamilienhaussiedlungen, die hin und wieder durch Wiesen, Wälder und Felder unterbrochen werden.

Vor allem die nach wie vor übliche Verwendung der Bezeichnung „Dorf" für diese Siedlungsform ist irreführend, denn die Mehrzahl der Bewohner solcher Gemeinden lebt längst nicht mehr im Dorfkern, sondern in den seit den fünfziger Jahren angelegten Einfamilienhausgebieten. Deren Bewohner aber haben oft keinerlei Verbindung zur ländlichen Tradition, weil sie erst in den letzten Jahrzehnten zugezogen sind. Und auch die älteren Siedlungsteile sind längst keine agrarisch geprägten Bereiche mehr. Meist findet sich dort nur noch eine Handvoll Bauernhöfe in Betrieb, die man an ihren unromantisch aussehenden agro-industriellen Anbauten erkennt. Lediglich die bereits aufgegebenen Fachwerkbauernhöfe befinden sich in gutem Zustand, weil Lehrer, Architekten oder andere Bildungsbürger die alten Gebäude liebevoll restauriert haben, so daß die ländliche Idylle wenigstens als Dekorationselement erhalten bleibt.

Unabhängig davon, ob sie in einem sogenannten „Dorf" oder in einer der Siedlungen am Rand der „Stadt" wohnen - für die Bewohner dieser europäischen Variante der *suburbs* werden Aufenthalte in den Stadtzentren immer seltener. Denn auch in der Bundesrepublik ist mit der Zunahme von Handels- und Arbeitsstätten in peripheren Lagen die Herausbildung postsuburbaner Siedlungsstrukturen erkennbar. Wie in den USA folgt der Suburbanisierung des Wohnens zunächst die Suburbanisierung des Handels.

Diese Entwicklung ist in vielen Ballungsräumen zu einem Problem geworden. Im Großraum Bremen ist die Situation besonders krass, da es dem Stadtstaat nicht gelungen ist, die Ausweisung neuer Handelsflächen in den angrenzenden niedersächsischen Landkreisen zu verhindern. Heute liegt weniger als ein Fünftel der Einzelhandelsflächen des Ballungsraums in der City der Hansestadt. Dagegen haben allein die beiden größten Einkaufszentren der Region (der Weserpark am südlichen Stadtrand und der in Niedersachsen gelegene Dodenhof) zusammen mehr Verkaufsfläche als alle Einzelhändler der Innenstadt zusammen.

Derselbe Trend ist bei der Beschäftigung festzustellen. So verzeichnen die Kernstädte in der Bundesrepublik in allen Branchen relative oder sogar absolute Verluste an Arbeitsplätzen gegenüber ihren Umlandbereichen. Und diese Entwicklung beschränkt sich längst nicht mehr auf das produzierende Gewerbe oder großflächige Einzelhandelseinrichtungen. Mittlerweile hat auch der Dienstleistungssektor - bisher vermeintliche Domäne der Städte - in den Umlandregionen stärkere Wachstumsraten aufzuweisen als in den Kernstädten (vgl. Seitz).

Skyline am Stadtrand: *Auch in der Bundesrepublik verschwindet der Gegensatz zwischen dicht bebauter Stadt und agrarisch geprägten Dörfern zugunsten eines zersiedelten Stadtrandbereichs. Dort finden sich, wie hier in Eschborn bei Frankfurt, mittlerweile auch suburbane Büroparks, die den amerikanischen* edge cities *kaum nachstehen.*

Wie sehr selbst hochwertige Dienstleistungen von dieser Entwicklung betroffen sind, läßt sich gut im Großraum Frankfurt beobachten. Denn neben der bekannten Konzentration von Banken und Finanzdienstleistern in einem Teilbereich der Kernstadt wird auch die Ansiedlung hochwertiger Dienstleistungsfunktionen in umliegenden Gewerbeparks immer üblicher. Vor allem im Westen der Stadt, nahe den prestigeträchtigen Vororten am Taunusrand oder in Gemeinden mit unmittelbarem Anschluß an die Autobahn, durch die ein schnelles Erreichen des Flughafens gewährleistet ist, haben sich neue Beschäftigungsschwerpunkte herausgebildet.

Dies ist zum Beispiel der Fall in dem unmittelbar an der Frankfurter Stadtgrenze nahe der Autobahn und einer S-Bahn-Station gelegenen Gewerbegebiet Süd in Eschborn. In den vor Naturstein und Spiegelglas blitzenden, oft zwanziggeschossigen Hochhäusern finden sich vor allem Finanzdienstleistungsunternehmen, darunter so namhafte Firmen wie die Deutsche Bank, die einige *back offices* hierher verlegt hat. Auch Büros ausländischer Unternehmensberater und Firmen aus dem Modebereich sind hier zu finden. Mit diesen Dimensionen und einem solchen Spektrum an Branchen stehen Gewerbegebiete wie Eschborn-Süd den amerikanischen *edge cities* kaum nach.

Projektentwickler, die auf Gewerbeimmobilien spezialisiert sind, haben sich dementsprechend auch schon auf den nächsten Entwicklungsschub eingestellt. Wie in den USA beginnen sie, Gewerbeparks der „fünften Generation" zu errichten, die längst nicht mehr am produzierenden Gewerbe orientiert sind. Vielmehr haben sie einen Anteil von bis zu 80 Prozent an Büroflächen und sind häufig auf die Bedürfnisse hochwertiger Dienstleister, zum Beispiel aus den High-Tech-Branchen, zugeschnitten und bieten deshalb ein breites Spektrum an zusätzlichen Serviceeinrichtungen wie Gaststätten, Hotels, Einzelhandel oder Sport- und Freizeiteinrichtungen an (vgl. Volger).

An solchen Trends zeigt sich der Wandel des Lebensstils einer ganzen Bevölkerungsschicht. Denn die Beschäftigten in solchen Gewerbeparks leben nur noch zu einem geringen Teil in den Kernstädten oder gar in den dicht bebauten urbanen Bereichen. Statt dessen wird für sie und ihre Familien der postsuburbane Lebensstil immer üblicher werden und damit - wie für die amerikanische Mittelklasse - der Aufenthalt in den Kernstädten zum seltenen Konsumerlebnis.

Blühende Einkaufslandschaften

Wenn man die Suburbanisierung des Handels und der Beschäftigung in Westdeutschland als problematisch auffaßt, dann kann man die Entwicklung in Ostdeutschland ohne Übertreibung als dramatisch bezeichnen. Denn in den neuen Ländern wurden aufgrund der besonderen Situation nach der Wende in kurzer Zeit ganz neue Strukturen aufgebaut, die dazu geführt haben, daß die räumliche Verteilung von Arbeitsplätzen und Einzelhandels-einrichtungen in den ostdeutschen Stadtregionen noch stärker dem amerikanischen Modell entspricht als dies in den westdeutschen Agglomerationen bereits der Fall ist.

Shopping malls amerikanischer Prägung, die die ganze Bandbreite an Konsumgütern abdecken und mit der Innenstadt in direkte Konkurrenz treten, sind auch in den alten Ländern gebaut worden. Vor allem in den siebziger Jahren entstanden in vielen Ballungsräumen großflächige suburbane Einkaufszentren. Sie sind aber relativ selten geblieben, weil sie einerseits politisch schwer durchsetzbar sind und andererseits auf die traditionelle Dominanz der Innenstädte treffen, die nicht von heute auf morgen zu beseitigen ist. In den achtziger Jahren verlegten Developer von Einkaufszentren ihre Aktivitäten deshalb vornehmlich in innerstädtische Projekte wie den Bau gehobener Ladenpassagen.

Während der große Rückschlag für die Innenstädte dadurch in Westdeutschland zunächst ausblieb, wurden die ostdeutschen Städte in den Jahren nach der Wende von der Entwicklung regelrecht überrollt. Der plötzliche Kaufkraft- und Nachfrageschub, ein ungenügendes Angebot und unklare Eigentumsverhältnisse in den Innenstädten sowie die mangelnde Erfahrung im Umgang mit Investoren führten zum Bau riesiger Einkaufszentren im Umland sämtlicher ostdeutscher Großstädte. Diesen Umständen entsprechend befinden sich heute in den neuen Bundesländern, die nur etwa ein Fünftel der Bevölkerung der Bundesrepublik stellen, über zwei Drittel der deutschen Grüne-Wiese-Einkaufszentren. Sie machen über 60 Prozent der Einzelhandelsfläche in Ostdeutschland aus, während im Westen nur 17 Prozent der Verkaufsfläche an vergleichbaren suburbanen Standorten zu finden sind (vgl. Baumann und Goetz).

Die Einkaufszentren sind in den ostdeutschen Großstadtregionen meist so konzipiert, daß sie fast die gesamte Kaufkraft der jeweiligen Region anziehen und damit die Innenstädte regelrecht entleeren, wie es sich zum Beispiel in Magdeburg gut beobachten läßt. An der Peripherie der Stadt mit gerade 270.000 Einwohnern wurden nach 1990 drei *shopping malls* (Elbe-Park, Börde-Park und Flora-Park) mit insgesamt 170.000 Quadratmetern Handelsfläche eröffnet, so daß 80 Prozent der Einzelhandelsflächen der Region in den Randbereichen bzw. dem Umland der Landeshauptstadt liegen. Während sich in den Shopping-Centern die Menschen drängeln, herrscht in der Innenstadt von Magdeburg gähnende Leere. So veröden die Zentren der ostdeutschen Städte zusehends, während auf der grünen Wiese blühende Einkaufslandschaften nach amerikanischem Vorbild entstehen.

Was für die Verteilung der Einzelhandelsflächen gilt, trifft erst recht auf die Gewerbestandorte zu. Großzügige staatliche Subventionen für die Gemeinden haben dazu geführt, daß in den meisten kleineren Ortschaften in der Nähe von Autobahnen oder im Einzugsbereich von Großstädten riesige Gewerbegebiete ausgewiesen wurden. Sie sind oft so überdimensioniert, daß sie den Bedarf auf Jahrzehnte hinaus decken können und vorerst als „beleuchtete Wiesen" ihrer Bestimmung harren. So werden auch die kleinsten Anzeichen wirtschaftlichen Aufschwungs aus den ostdeutschen Städten weggelockt, denen nun eine ähnliche wirtschaftliche Dauerkrise wie den amerikanischen Städten droht.

16. Amerikanische Lösungsmodelle

Urban Entertainment Center

Da die Großstadtregionen in der Bundesrepublik und die amerikanischen Ballungsräume auf vergleichbare Weise von einer zunehmenden sozialen und räumlichen Fragmentierung geprägt werden, ist es nur konsequent, wenn auf beiden Seiten des Atlantiks auch ähnliche Vorschläge als planerischer Ausweg aus der Krise der Städte propagiert werden. Vor allem das Konzept der Freizeitgroßeinrichtungen hat sich in der Bundesrepublik schnell etablieren können - wobei für die größten derartigen Einrichtungen auch in Deutschland die amerikanische Bezeichnung *urban entertainment center* verwendet wird. Da dieses Konzept sowohl den wirtschaftlich darbenden Kernstädten als auch den Investoren schnelle ökonomische Erfolge ohne große Ausgaben für die öffentliche Hand verspricht, ist es für Planer, Politiker, Wirtschaftsförderer und Developer gleichermaßen attraktiv und hat sich entsprechend rasch durchgesetzt.

Mit einer bereitwilligen und kaufkräftigen Kundschaft ist außerdem die wichtigste Grundvoraussetzung für den Erfolg solcher Großprojekte gegeben. Denn ebenso wie in den USA verzeichnen die Branchen Tourismus und Unterhaltung in der Bundesrepublik schon seit Jahren überdurchschnittliche Wachstumsraten. Mittlerweile kann die Freizeitindustrie in Deutschland jährliche Umsätze von fast 500 Milliarden Mark aufweisen. Von dieser Entwicklung zur Erlebnisgesellschaft profitieren wie in den USA insbesondere künstliche Abenteuer- und Erholungswelten, die auch hier seit einiger Zeit erfolgreich vermarktet werden.

So befinden sich die Themenparks in Deutschland auf stetigem Wachstumskurs. Allein die fünf großen Vergnügungsparks Phantasialand, Europapark, Holiday-Park, Heidepark und Hansa-Park ziehen jedes Jahr mehr als acht Millionen Besucher an. Selbst das ansonsten eher biedere ZDF versucht, in diesen Markt zu expandieren, und baut neben seinem Sendezentrum in Mainz-Lerchenberg einen sogenannten Medienpark. Die Erlebniswelt rund um ZDF-Sendungen wie Schwarzwaldklinik, Traumschiff oder Derrick soll bis spätestens 2003 eröffnet werden.

Dieses öffentlich-rechtliche Projekt bekommt allerdings schon vorher private Konkurrenz, denn im Jahre 2001 soll auf einer 140 Hektar großen ehemaligen Militärfläche nahe Günzburg der erste deutsche Legoland-Park fertiggestellt werden. Der Spielwarenhersteller beabsichtigt, sein in Dänemark erprobtes Konzept auch in anderen Ländern anzuwenden und hat deshalb einen Kooperationsvertrag mit dem Disney-Konzern geschlossen. Während Disney seine Erfahrungen im Betrieb von Themenparks sowie den hohen Bekanntheitsgrad seiner Comicfiguren in die Allianz einbringt, offeriert Lego dem amerikanischen Konzern seine hervorragende Kenntnis des europäischen Marktes, den Disney gerne noch intensiver erschließen möchte. Neben gemeinsamen Produktreihen sind deshalb vor allem die Errichtung neuer Legoland-Parks in England und Deutschland geplant.

Auch die Zahl der sogenannten Familien-Ferienzentren steigt seit Jahren. Hauptattraktion dieser meist in ländlichen Regionen gelegenen Bungalowsiedlungen und Hotelkomplexe sind wetterfeste, überdachte

Spaßbäder mit exotischer Flora, die das ganze Jahr über junge Familien mit Kindern zum Kurzurlaub anziehen. Bei den Anbietern handelt es sich nicht selten um Firmen aus den Benelux-Staaten, in denen dieses Konzept schon länger erfolgreich durchgeführt wird. Insbesondere die belgische Sun Parks International sowie die niederländischen Unternehmen Center Parcs und Gran Dorado betreiben solche Einrichtungen in der Bundesrepublik - und planen noch weitere, so daß in den nächsten Jahren zu den bestehenden Familien-Ferienzentren noch Dutzende neue hinzukommen werden.

Solchen Trends bei großflächigen Freizeiteinrichtungen in ländlichen Gebieten steht die Entwicklung in den Städten kaum nach. Auch dort boomt seit einiger Zeit der Bau von Unterhaltungszentren, wobei Developer und Stadtplaner alle paar Jahre von einer neuen Welle erfaßt werden. Jedesmal wird dabei ein neuer Typus von Entertainmenteinrichtung „entdeckt" und gebaut, bis der Markt vollkommen übersättigt ist. Vorreiter dieser Entwicklung waren die Musicaltheater, von denen die ersten schon in den achtziger Jahren errichtet wurden. Als Vorbild gilt hier der auf der Hamburger Reeperbahn seit 1986 durchgehend aufgeführte Dauerbrenner Cats, den die Stella AG des Stuttgarter Entertainment- und Immobilienunternehmers Rolf Deyhle nach anglo-amerikanischem Vorbild produzierte. Schließlich präsentierte die Stella AG in fünf deutschen Städten Musicals, die im wesentlichen den Originalen des Komponisten und Produzenten Andrew Lloyd Webber entsprechen.

Angespornt von solchen Erfolgsstorys erfaßte eine wahre Musical-Euphorie Unternehmer und Lokalpolitiker in Deutschland. Zeitweise wurden in zehn deutschen Städten dreizehn verschiedene Musicals dauerhaft einem Massenpublikum vorgeführt. Ende der neunziger Jahre mußten aber einige Produktionen schon kurz nach ihrer Einführung wieder eingestellt werden, weil die Investoren und Planer wegen des Booms die Attraktivität ihres Stückes oder ihres Standortes überschätzt hatten. Schließlich mußte auch der Branchenprimus Stella Konkurs anmelden und wurde 1999 vom Konkurrenten Deutsche Entertainment AG übernommen, der nun den konsolidierten Markt beherrscht.

Einen ähnlichen Konzentrationsprozeß gab es im Bereich der Multiplex-Kinos, die die zweite Entertainment-Welle bildeten. Im Sommer 2000 übernahm die Hannoveraner Flebbe-Gruppe mit ihrer CinemaxX-Kette den Konkurrenten Ufa. Hans-Joachim Flebbe hatte 1991 das erste innerstädtische Multiplex-Kino in Deutschland eröffnet, und hat bis heute noch 32 solcher Komplexe in 29 Städten errichtet. 30 weitere Großkinos sind in der selben Zeitspanne von anderen Firmen gebaut worden, und zahlreiche weitere befinden sich in Planung.

Mit diesen neuen Bauten dürfte eine Sättigung des Marktes bald erreicht sein. Dafür haben aber die nächsten Wellen von Unterhaltungsgroßeinrichtungen schon eingesetzt. Im Trend liegen bei den Developern derzeit touristenorientierte Spezialkinos, die sich wie beispielsweise die IMAX-Kinos meist durch ihre besonderen Vorführtechniken auszeichnen, aber auch Computerspielhallen, Internetcafés und Wellness-Anlagen. An dem Erfolg solcher Projekte, zumindest in der ersten Phase, in der sie noch über den Reiz des Neuen verfügen, wird nicht gezweifelt. Schließlich war selbst das Konzept der unterhaltungsbezogenen Erlebnisgastronomie eine zeitlang in Deutschland erfolgreich - und das obwohl den Besuchern in den Filialen der Hard Rock Café- oder der Planet Hollywood-Kette im Ausgleich für die überteuerten Speisen lediglich die Betrachtung von Erinnerungs- stücken an prominente Musiker oder Schauspieler angeboten wird. Während anfangs der Betrieb solcher Gaststätten noch an ausgewählte touristisch attraktive Standorte gebunden war, wird heute an jedem Ort, an dem genügend Kaufkraft vorhanden ist, ein solches Themenrestaurant eröffnet, wie beispielsweise in Oberhausens *shopping mall* CentrO, in der sich eine Planet Hollywood-Filiale befindet.

Als neueste Trends aus den USA und damit als aussichtsreichste neue Typen von Unterhaltungsgroßeinrichtungen gelten Corporate Image Center und Science Center. Die bisher von der Automobilproduktion abhängige Stadt Wolfsburg tut sich erstaunlicherweise dadurch hervor, daß dort gleich diese beiden neuen Typen errichtet wurden bzw. werden. So baute der VW-Konzern auf seinem Firmengelände einen Themenpark rund um das Motto Automobil, der ein Automuseum, ein neues Auslieferungszentrum, ein Luxushotel der Ritz-Kette und einen Garten mit Pavillons der einzelnen Konzern-Marken umfaßt. Die 800 Millionen Mark, die das bisher größte und teuerste Corporate Image Center der Bundesrepublik gekostet hat, versteht VW, wie bei solchen Projekten üblich, als Investition, die den Ruf des Unternehmens verbessert und so langfristig die Gewinnaussichten des Konzerns erhöht. Viel kleiner, aber nicht weniger innovativ ist das Gebäude, das die Stadtverwaltung von Wolfsburg unmittelbar nebenan errichtet. Nach Plänen der Architektin Zaha Hadid entsteht hier eines der ersten deutschen Science Center, in dem, wie in den amerikanischen Vorbildern, Wissenschaft und Technik auf unterhaltsame und familiengerechte Weise präsentiert werden sollen.

Den vorläufigen Höhepunkt der Entwicklung stellen die großen Komplexe dar, die aus einer Kombination mehrerer Unterhaltungs- einrichtungen bestehen und dem amerikanischen Vorbild folgend als *urban entertainment center* bezeichnet werden. Auch in diesem Bereich hatte Deyhles Stella AG die Vorreiterrolle übernommen. 1994 eröffnete er im Stuttgarter Stadtteil Möhringen, nahe dem Flughafen und unmittelbar an einer autobahnartigen Hauptstraße gelegen, den ersten Bauabschnitt des Unterhaltungskomplexes Stuttgart International, kurz SI-Centrum genannt. Der Entertainment-Anker der Anlage ist ein Musicaltheater, in dem wie am Broadway eine Bühnenversion des Disney-Zeichentrickfilms „Die Schöne und das Biest" gezeigt wird. Für die von diesem Publikumsmagneten angezogenen Gäste wird in dem riesigen Komplex fast die gesamte Palette an Unterhaltungsdienstleistungen bereitgehalten, so daß sie während ihres Aufenthaltes das SI-Centrum nicht mehr verlassen müssen. Neben dem Theater und mehreren Hotels umfaßt der Komplex ein Casino, ein Konferenzzentrum, ein Wellness-Center mit dem Badeparadies Schwaben-Quellen, ein Multiplex-Kinocenter, acht Restaurants sowie eine Vielzahl an Boutiquen und Souvenirgeschäften. Die einzelnen Teilbereiche sind durch eine unterirdische Einkaufspassage miteinander verbunden. In dieser sogenannten Mall of Europe wird wie in Disneyland versucht, mit Plastik-Fassaden urbanes Flair und „Erlebnisatmosphäre" zu erzeugen - offensichtlich mit Erfolg, denn an Wochenenden tummeln sich dort bis zu 30.000 Kunden.

Für die Bewohner der Randbereiche der Agglomeration Stuttgart scheint dieses Vergnügungszentrum also durchaus eine Alternative zum Stadtkern darzustellen. So erstaunlich diese Entwicklung angesichts des ungewohnten Raumerlebnisses des Komplexes auch sein mag, um einen plötzlichen Wandel handelt es sich nicht. Schon bisher haben sich die Stuttgart-Besuche der Stadtrandbewohner auf einen kleinen kommerziell und touristisch erschlossenen Kern konzentriert. Da dieser Bereich bereits von Planern, Geschäftsleuten und Wirtschaftsförderern gemeinsam zu einer einkaufsgerechten Fußgängerzone und „gemütlichen" Kneipenstraße umgestaltet worden war, ist der Schritt von den sukzessive in Design und Programm aufgerüsteten Einkaufsstraßen zu den nun vollständig, aus einer Hand geplanten Erlebnisräumen kein allzu großer mehr. Im Gegenteil, „urbanes Flair" zu erzeugen gelingt den an Disneyland orientierten Innenarchitekten genauso gut oder gar besser als den City-Planern, die sich bei ihrer Inszenierung mit den Einzelinteressen der Geschäftsleute auseinandersetzen müssen. Den Verlust an öffentlichem Raum und sozialer Vielfalt scheinen die Besucher dagegen nicht zu bemängeln. Vielmehr können die Angehörigen der Mittelschicht aus den Randbereichen der Regionalstadt hier einen „Erlebnisbereich" genießen, in dem sie noch weniger als in der Stuttgarter Fußgängerzone damit rechnen müssen, mit den scheinbaren „Unwägbarkeiten" einer Großstadt wie Obdachlosen, Bettlern oder ausländischen Jugendlichen konfrontiert zu werden.

Trotz, oder gerade wegen der immer gleichen Mischung aus abwechslungsreicher Inszenierung und beruhigender Vorhersagbarkeit lassen sich neue Erlebniswelten wie das SI-Centrum hervorragend vermarkten. Beflügelt vom ökonomischen Erfolg des Stuttgarter Projekts versuchen derzeit in vielen deutschen Städten Developer und Stadtplaner ähnliche Konzepte an anderen Standorten zu realisieren, so daß man ohne Frage von einem Boom der *urban entertainment center* sprechen kann. Über vierzig solcher Projekte sind derzeit in der Bundesrepublik in Planung, darunter spektakuläre Großprojekte wie der Umbau des Güterbahnhofs in Frankfurt und des Dortmunder Hauptbahnhofs.

In Frankfurt am Main soll ein *urban entertainment center* zum Anker der schon länger erwogenen Umgestaltung des in der Nähe des Bankenviertels und direkt neben der Messe gelegenen Güterbahnhofgeländes werden. Nachdem die Deutsche Bank einen zwischenzeitlich lancierten Gegenentwurf wieder zurückgezogen hat, plant nun einer der größten kanadischen Developer, die Firma Trizec-Hahn, einen Komplex mit einem Investitionsvolumen von über einer Milliarde Mark, der unter anderem aus einem *urban entertainment center* mit 200.000 Quadratmetern Nutzfläche, Restaurants und Einzelhandel auf 40.000 Quadratmetern sowie einem 170 Meter hohen Bürohochhaus bestehen soll.

Etwas kleiner, aber dafür gewagter ist das Projekt, mit dem der Dortmunder Hauptbahnhof zum Multi-Themen-Center umgebaut werden soll. Nach Entwürfen der Architekten Bothe, Richter, Teherani soll ein kreisrundes, metallisch glänzendes Gebäude mit 240 Metern Durchmesser als UFO („Unbegrenztes Freizeitobjekt") den alten Hauptbahnhof ersetzen. Neben seiner originellen Form unterscheidet sich der geplante neue Komplex vor allem durch seine Nutzung vom Vorgängerbau. Auf 90.000 Quadratmetern in acht Geschossen sollen zukünftig Shopping, Entertainment, eine Fitneß- und Wasser-Welt, ein Aquarium und virtuelle Erlebniswelten untergebracht werden. Für dieses nach dem CentrO Oberhausen zweite einzelhandels- und freizeitorientierte Mega-Projekt im Ruhrgebiet soll über eine Milliarde Mark investiert werden, die von einer Tochtergesellschaft der um den Strukturwandel Nordrhein-Westfalens offensichtlich sehr besorgten Westdeutschen Landesbank gesammelt werden.

Auch in Bremen und Bremerhaven sollen als Reaktion auf den Niedergang der Werftenindustrie jeweils ein großes *urban entertainment center* mit einem lokal angepaßten Motto den wirtschaftlichen Strukturwandel symbolisieren und voranbringen. Auf einem nördlich der Bremer Innenstadt an der Weser gelegenen ehemaligen Werftgelände soll in Anspielung auf die ebenfalls in der Hansestadt ansässige Luft- und Raumfahrtindustrie der sogenannte Space Park entstehen. Der geplante Themenpark besteht aus einem Multiplexkino, einem Shopping-Center, Restaurants und einer Vielzahl von Erlebnisbereichen, in denen sich alles um das Motto Weltall und Raumfahrt drehen wird.

In Bremerhaven werden dagegen maritime Motive verarbeitet. Nachdem die Realisierung eines riesigen *urban entertainment centers* namens Ocean Park Bremerhaven unsicher geworden ist, plant man in der Hafenstadt nun, eine Erlebniswelt zum Thema Auswanderung zu bauen. Als eine Art Gegenstück zum New Yorker Einwanderungsmuseum auf Ellis Island sollen in Bremerhaven Besucher auf unterhaltsame Weise über die Geschichte des größten deutschen Auswanderungshafens aufgeklärt werden. So werden vielleicht auch Touristen aus den USA angezogen, die sich dann in einem nach amerikanischen Vorbild konzipierten Unterhaltungszentrum über ihre deutschen Vorfahren informieren könnten.

Neotraditionelle Siedlungen

Nicht nur das auf die Stadtzentren ausgerichtete Konzept der *urban entertainment center* wurde in Europa schnell aufgenommen. Auch die Idee der Errichtung neotraditioneller Siedlungen, wie sie in Nordamerika von den Anhängern des New Urbanism propagiert werden, findet in Europa schon ebenso lange wie in den USA viele Anhänger. Einige einflußreiche Planer haben damit begonnen, städtebauliche Vorstellungen durchzusetzen, die den gestalterischen Prinzipien, die auch Celebration prägen, verblüffend ähneln.

Vor allem in Großbritannien ist es einer Gruppe von Architekten und Planern gelungen, auf ihre Ziele aufmerksam zu machen. Zusammengeschlossen in der Urban Villages Group haben sie einige manifestartige Thesen entwickelt, die im wesentlichen der amerikanischen Charter of New Urbanism entsprechen. Die Popularität der Gruppe beruht nicht zuletzt darauf, daß sie mit Prinz Charles einen ausgesprochen prominenten Unterstützer gefunden hat, der bereits in dem Buch *A Vision of Britain* sowie einem gleichnamigen Fernsehfilm seine Ansichten zu diesem Thema dargestellt hat.

Es ist auch der Thronfolger höchstselbst, der das in Großbritannien bisher bedeutendste Projekt dieser Art durchgeführt hat. Für das Gelände der kronprinzlichen Güter im südwestenglischen Cornwall hat er Léon Krier eine Erweiterung der Ortschaft Dorchester planen lassen. Die als Poundbury bezeichnete Siedlung, die einmal insgesamt 10.000 Einwohner haben soll, weckt mit ihrer historisierenden Architektur und ihrem unregelmäßigen Grundriß die Illusion, es handele sich um eine ältere, gewachsene Stadt. Nach den Wünschen Kriers und des Prinzen soll Poundbury als Vorbild für die zukünftige Gestaltung neuer Siedlungen in Großbritannien dienen - und ein erstes Nachfolgeprojekt, das bei Portsmouth entstehen soll und fünfmal so groß wie Poundbury wäre, ist bereits in Planung.

In der Bundesrepublik gibt es zwar keine derartig prominente Unterstützung für solche Siedlungen, doch Projekte, die dem New Urbanism nahestehen, befinden sich auch hier in Planung. So entwickelten die Protagonisten des amerikanischen Neotraditionalismus, Elisabeth Plater-Zyberk und Andres Duany (der die Disney-Marktforschung als den Geburtsort seiner geistigen Einstellung und seiner Vorgehensweise bezeichnete), den Masterplan für eine Siedlung auf der Halbinsel Wustrow in Mecklenburg-Vorpommern. Das als Neue Gartenstadt bezeichnete Projekt soll von der Fundus-Gruppe entwickelt werden, die unter anderem bereits das Hotel Adlon in Berlin realisiert hat. Dasselbe Unternehmen hat auch die klassizistischen Hotelgebäude im ältesten deutschen Seebad, dem mecklenburgischen Heiligendamm, übernommen und will die Gemeinde wieder zum Nobelkurort machen. Das Konzept für eine mögliche zukünftige Erweiterung des Ortes im historisierenden Stil hat sich die Immobilienfirma vom Disney-Hausarchitekten Robert A.M. Stern ausarbeiten lassen.

Diese Projekte befinden sich zwar noch in der frühen Planungsphase, doch im Berliner Raum, wo seit der Wiedervereinigung ein massiver Suburbanisierungsprozeß zu verzeichnen ist, lassen sich auch bereits realisierte Beispiele für stadtplanerische Konzepte nach traditionellem Muster finden. Aufgrund heute als überzogen geltender Prognosen zum Bevölkerungswachstum wurde Anfang der neunziger Jahre ein beachtliches Wohnungsbauprogramm für die Hauptstadt aufgelegt. Kurz- und mittelfristig sollten bis zu 70.000 neue Wohneinheiten innerhalb der Stadt errichtet und entsprechende Flächen ausgewiesen werden. Da die hochgesteckten Ziele kaum durch Baulückenfüllungen zu erreichen waren, handelte es sich bei den meisten Standorten um umfangreiche Neubauflächen in den Stadtrandbezirken. Für diese innerhalb der politischen Grenzen der Stadt, aber außerhalb des verdichteten urbanen Bereiches gelegenen neuen Stadtrandsiedlungen setzte der Baudirektor Hans Stimmann das von ihm propagierte „Leitbild Vorstadt" durch. Diesen in acht Thesen formulierten Grundsätzen zufolge sollen - ähnlich wie auch in den Thesen des Congress for New Urbanism bzw. der Urban Villages Group gefordert - neue, größere Wohngebiete entstehen, die sich vor allem dadurch auszeichnen, daß sie die Bevölkerungszahl einer Kleinstadt haben (ca. 5000 Wohneinheiten), eine im Vergleich zu herkömmlichen suburbanen Siedlungsmustern erhöhte Dichte aufweisen, einen gewissen Grad an Nutzungsmischung erkennen lassen und von einer architektonischen und städtebaulichen Gestaltung geprägt sind, die sich an dem traditionellen Bild einer älteren, gewachsenen Stadt mit blockhafter straßenbegleitender Bebauung, Plätzen und Höfen orientiert (vgl. Stimmann).

In der Folge wurden und werden in Berlin eine ganze Reihe größerer Siedlungen nach diesem Leitbild errichtet - unter anderem Wasserstadt Spandau, Rudower Felder, Buch IV und V sowie Karow-Nord. Vor allem die letztgenannte, die mittlerweile weitgehend fertiggestellt ist und jetzt die Bezeichnung Neu-Karow trägt, wurde schon während der Planung als Modell einer „neuen Vorstadt" präsentiert. Die Siedlung, am nordöstlichen Stadtrand Berlins zwischen Einfamilienhausgebieten und Feldern sowie nahe einer Autobahn und einer S-Bahn-Strecke gelegen, ist Stimmanns Vorstellungen entsprechend als kompakter Wohnstandort mit etwa 5200 Wohneinheiten auf knapp 100 Hektar geplant worden. In *public-private partnership* haben die Berliner Projektentwicklungsfirma Groth+Graalfs und weitere Investoren für über 2,5 Milliarden DM Eigentums- und Mietwohnungen gebaut und einen erheblichen Teil der Infrastruktur mit- oder vorfinanziert. Bemerkenswert ist aber vor allem das städtebauliche Konzept. 1992 wurde ein Workshop durchgeführt, bei dem aus den Entwürfen der geladenen Architekten der Rahmenplan des kalifornischen Büros Moore, Ruble, Yudell ausgewählt wurde. Die bekannten Vertreter der Postmoderne haben schon in der Vergangenheit historisierende Wohngebäude gestaltet und städtebauliche Entwürfe nach neotraditionellem Muster vorgelegt - und sind mit dem von ihnen gestalteten Preview Center auch am Bau der Siedlung Celebration beteiligt gewesen. Dementsprechend überrascht es nicht, daß Neu-Karow sich durch eine offensichtliche Verwandtschaft zum New Urbanism auszeichnet.

Die Siedlung ist ähnlich wie die amerikanischen Vorbilder von mehreren auf öffentliche Gebäude oder Plätze führenden Sichtachsen durchzogen. Den teilweise gemischt genutzten Kernbereich prägen straßenbegleitende Wohngebäude und eine relativ dichte Bebauung, die hin und wieder durch repräsentative geometrische Plätze gegliedert werden. Am Rand der Siedlung dagegen stehen freistehende Mehrfamilienhäuser, Reihenhäuser und Zweifamilienhäuser in etwas offenerer Bebauung. Außerdem hat man sich auch in Neu-Karow darum bemüht, eine gewisse architektonische Vielfalt mit der Einheitlichkeit eines historisierenden Stadtbildes zu verbinden. Während dieses Ziel in Celebration durch das sogenannte Pattern Book erreicht wird, wurden in Neu-Karow zu diesem Zweck von Moore, Ruble, Yudell unterschiedliche Wohnhaustypen entwickelt (viergeschossige Blockrandbebauung, dreigeschossiger „Karow Court"-Wohnblock mit begrüntem Innenhof, Mehrfamilien-Stadtvillen und zweigeschossige Reihenhäuser), für die dann weitere Architekten Entwürfe vorlegen konnten. Diese mußten sich allerdings dem traditionalistischen Gesamtkonzept unterordnen und durften deshalb nur entsprechende Fassadenmaterialien, Dachformen und aufeinander abgestimmte Pastelltöne verwenden.

Solche Gemeinsamkeiten zwischen dem amerikanischen New Urbanism und dem Konzept der „neuen Vorstädte" in Deutschland treten bei einem weiteren Projekt im Berliner Raum noch deutlicher zutage. Mit der 1996 fertiggestellten Siedlung Potsdam-Kirchsteigfeld ist ein neuer Vorort entstanden, bei dessen Konzeption der Architekt Rob Krier (zusammen mit seinem Partner Christoph Kohl) die von ihm vertretenen Prinzipien des neotraditionellen Städtebaus erstmals im großen Maßstab verwirklichen konnte. Rob Krier gehört, wie sein bereits erwähnter Bruder Léon, zu den Protagonisten des Neotraditionalismus und wirbt schon seit den siebziger Jahren für den Bau von Siedlungen, die sich am Aussehen mittelalterlicher Städte oder wilhelminischer Wohnquartiere orientieren.

Made in Germany: *In der von Rob Krier entworfenen Siedlung Kirchsteigfeld am Stadtrand von Potsdam wird wie in Disneys Celebration versucht, durch eine historisierende Architektur und die Verwendung von Symbolen einer kleinstädtischen Idylle die Atmosphäre einer gewachsenen Ortschaft nachzuahmen.*

Spätestens seit im Rahmen der Internationalen Bauausstellung in Berlin in den achtziger Jahren ein Neubauquartier in der Rauchstraße nach seinem städtebaulichen Entwurf realisiert wurde, und Krier dabei auch mehrere der von ihm vorgeschlagenen Stadtvillen architektonisch gestaltete, gehört er zu den prominentesten Vertretern der traditionalistischen Strömung der postmodernen Architektur. Schon bei diesem Projekt hatte er mit der Baufirma Groth+Graalfs erfolgreich zusammengearbeitet, die nun auch den neuen Stadtteil Kirchsteigfeld errichtet hat.

Die neue Siedlung liegt nahe dem ehemaligen Grenzübergang Drewitz-Dreilinden zwischen dem alten Dörfchen Drewitz, einer in den achtziger Jahren errichteten Plattenbausiedlung gleichen Namens und der Berliner Hauptzufahrtsstraße A 115. Auf einer ursprünglich für die Erweiterung des Plattenbaugebietes vorgesehenen Fläche von knapp 60 Hektar wurde nach der Wende ein neuer Stadtteil mit einem Investitionsvolumen von ca. zwei Milliarden Mark geplant. 1992 wurde im Rahmen eines Städtebau-Workshops Kriers Beitrag als Planungsgrundlage ausgewählt. In den folgenden vier Jahren wurde das Wohngebiet mit seinen 2800 Eigentums- und (teilweise staatlich geförderten) Mietwohnungen fertiggestellt. Kriers Vorstellungen entsprechend zeichnet sich die Siedlung vor allem durch eine relativ dichte, durchgehend drei- bis viergeschossige Bebauung in blockartigen Strukturen aus. Diese wird durch eingestreute Plätze in Rechteck-, Kreis- und Hufeisenform sowie einige aufgeweitete Straßenzüge mit Grünstreifen gegliedert. Wie in Celebration verlaufen diese breiten Alleen entlang einem renaturierten kleinen Wasserlauf und einem künstlich angelegten, als Gracht bezeichneten, Graben und sind als repräsentative Blickachsen ausgestaltet worden.

Eine weitere Gemeinsamkeit mit Disneys Siedlung in Florida ist der Versuch, auch in Kirchsteigfeld eine heimelig-gemütliche Atmosphäre zu erzeugen, indem unterschiedliche Symbole einer kleinstädtischen Idylle als Versatzstücke miteinander kombiniert werden. Eine rechteckige, im Zentrum gelegene Freifläche, die den Namen Marktplatz trägt, soll den räumlichen und sozialen Mittelpunkt des Wohngebietes markieren. Hier steht auch ein vom Architekten Burelli gestalteter Kirchenneubau mit einem 40 Meter hohen, alles überragenden spitzen Turm.

Dieses Gestaltungselement ist jedoch nicht das Ergebnis einer Notwendigkeit, sondern vielmehr Abbild des Wunsches von Architekt und Investor, ein Symbol und einen Identifikationspunkt zu schaffen, der zur traditionellen Flurgebietsbezeichnung Kirchsteigfeld paßt. Denn für den weitaus größten Teil der Bevölkerung des Bundeslandes Brandenburg hat die Religion im Alltagsleben nach über 40 Jahren realsozialistischer Säkularisierung nur noch einen sehr geringen Stellenwert, so daß kürzlich sogar der Religionsunterricht abgeschafft wurde, und in vielen Dörfern die historischen Kirchenbauten leer stehen. Deshalb handelt es sich bei Burellis Neubau auch um keinen reinen Sakralbau, denn eine solche „Fehlinvestition" wäre wohl kaum vertretbar gewesen. Zwar erinnert die Gebäudegestalt an eine Kirche, doch das Innere wird nur teilweise von zwei verschiedenen Potsdamer protestantischen Gemeinden genutzt. Im größten Teil des Baus befinden sich dagegen staatliche öffentliche Einrichtungen wie eine Bibliothek und Räume der Volkshochschule. Auf diese Weise konnten Architekt und Investor das von Ihnen erwünschte Symbol einer kleinstädtischen Idylle in ihre Siedlung integrieren - auch wenn dafür eigentlich gar kein Bedarf vorhanden war.

Angesichts der Architektur der einzelnen Gebäude wird Kriers Versuch, in der Siedlung Kirchsteigfeld ein historisch anmutendes Stadtbild zu schaffen, noch offensichtlicher. Auch bei der Potsdamer Siedlung wurde, ähnlich wie in Celebration, versucht, ein einheitlich historisierendes Stadtbild und eine romantisierende architektonische Vielfalt miteinander zu verknüpfen. Zu diesem Zweck wurden 25 Architekturbüros mit den Einzelentwürfen der Wohnhäuser beauftragt. Dabei waren jedoch Kriers strikte Vorgaben einzuhalten, denn unter seiner „künstlerischen Leitung" wurden die Baumassen, Materialien, Dachneigung sowie Farbtöne genau vorgeschrieben. Der Entscheidung über diese wesentlichen gestalterischen

Elemente beraubt, setzten die geladenen Architekten dann auch, wie erhofft, ihren Ehrgeiz daran, die ganze Bandbreite an postmodern-historistischen Architekturelementen auszuschöpfen, so daß die Gebäude aussehen, als wollten sie sich mit ihren rustizierten, vielfarbigen Fassaden, ihren Erkern und Türmchen, Risaliten und Säulen, Pilastern und Portici, Giebeln und Gauben gegenseitig übertreffen.

Inseln der Seligen

Weder die Detailversessenheit der Architektur noch der Verkaufsslogan „Richtig Stadt - und doch im Grünen" können darüber hinwegtäuschen, daß es sich bei der Siedlung Kirchsteigfeld eben nicht um einen gewachsenen vielfältigen Stadtteil mit einer Bevölkerung aus unterschiedlichen sozialen Gruppen und einem breiten Angebot an öffentlichen Einrichtungen handelt. Denn den allergrößten Teil der Bevölkerung stellen Angehörige der Mittelschicht, vorwiegend Familien mit Kindern, und die Bandbreite der sozialen Treffpunkte und Geschäfte erschöpft sich in dem, was man üblicherweise in den Einkaufszentren herkömmlicher Siedlungen der sechziger und siebziger Jahre findet.

Am Beispiel der vorhandenen Einzelhandelseinrichtungen läßt sich das Grundproblem erkennen. Wie in Celebrations Hauptstraße gibt es in Kirchsteigfeld fast ausschließlich kleinere Geschäfte, die nur einen Bruchteil des Konsumbedarfs abdecken. Auf diese Weise läßt sich zwar ein diffuses Gefühl von Urbanität erzeugen - von einer sinnvollen Nutzungsmischung ist dieses Konzept aber weit entfernt. Denn wie in den amerikanischen neotraditionellen Siedlungen fahren auch die Bewohner der Siedlung Kirchsteigfeld zum Einkaufen mit dem Auto in die unweit gelegene *shopping mall*, die unter dem Namen Stern-Center in unmittelbarer Nähe fast zeitgleich errichtet worden ist.

Hier zeigt sich das Dilemma der neotraditionellen Siedlungen. Der Versuch, mittels historisierender Architektur, dichter Bebauung, blockartiger Strukturen und traditioneller Platzformen urbane Vielfalt zu erzeugen, mißlingt weitgehend. Weder wird eine wirkliche soziale Mischung erreicht, die mehr als unterschiedliche Altersstufen innerhalb der Angehörigen der Mittelschicht mit deutscher Staatsbürgerschaft umfaßt, noch kommt es zu einer weitgehenden Nutzungsmischung, die verkehrsvermeidende Wirkung hätte oder gar separate Einkaufs- und Erlebniswelten überflüssig machte.

Doch obwohl diese Siedlungen also keinen echten Ausweg aus der Urbanitätslosigkeit der Stadtrandgebiete darstellen, lassen sie sich erstaunlich gut vermarkten. Denn ein Effekt wird durch die vergangenheitsbezogene städtebauliche Form und die historisierende Architektur trotz allem erreicht. Die neuen Vorstädte unterscheiden sich deutlich von ihrer ländlichen Umgebung und, vor allem, von den Großsiedlungen der vergangenen Jahrzehnte. Für die angesprochene Zielgruppe ist dies aber ausgesprochen wichtig. Denn vergleichbar große Wohnungen sind in den Hochhaussiedlungen der sechziger Jahre bzw. den Plattenbaugebieten aus DDR-Zeiten viel günstiger zu bekommen. Der Mehrwert einer Wohnung in den neuen Vorstädten besteht deshalb primär in der Möglichkeit, sich von eben diesen Quartieren und deren Bewohnern abgrenzen zu können. Auch wenn sie sich ein Einfamilienhaus noch nicht leisten können - diejenigen, die über die materiellen Ressourcen für eine etwas bessere Wohnung verfügen, weil sie in den vergangenen Jahren zu den Gewinnern des ökonomischen Restrukturierungsprozesses gehörten (bzw. in Ostdeutschland zu denjenigen, denen die Vereinigung wirtschaftliche Vorteile gebracht hat) können sich so mit dem Fortzug in die neuen Vorstädte von den Verlierern des sozialen Auseinanderdriftens abgrenzen.

Die versprochenen positiven Wirkungen der *urban entertainment center* und der neotraditionellen Siedlungen bleiben also marginal. So können die Freizeit- und Unterhaltungseinrichtungen vielleicht eine leichte Belebung der kriselnden Stadtökonomien hervorrufen, und die neuen Vorstädte zu einem im Vergleich mit herkömmlichen suburbanen Siedlungsmustern etwas geringeren Flächenverbrauch führen. Eine strukturelle Verbesserung und einen Ausweg aus dem Dilemma der zunehmend zersiedelten und gesellschaftlich wie ökonomisch gespaltenen Großstadtagglomerationen bieten sie aber nicht. Statt dessen sind sie Ausdruck des Versuchs der Mittelschicht, sich von den Verlierern der Polarisierung abzugrenzen und führen im Falle der *urban entertainment center* sogar zu einer Privatisierung des öffentlichen Raums - als Inseln der Seligen im Meer der räumlich und sozial fragmentierten Stadtregionen.

17. Ausblick: Die Disneyfizierung der Städte in Europa

Disneys Welt

Seitdem Michael Eisner Anfang der achtziger Jahre die Führung der Walt Disney Company übernommen hat, zeichnet sich das Unternehmen durch ein außergewöhnliches Wachstum aus. Dies hat der Konzernchef vor allem durch die konsequente Ausnutzung der Synergieeffekte, die sich zwischen den einzelnen Unternehmensteilen ergeben, und durch massive Expansion im Ausland erreicht. Noch 1983 machte Disney außerhalb der USA nur einen Umsatz von etwa 140 Millionen Dollar, 1997 dagegen waren es schon 4,6 Milliarden Dollar. Während vor zwanzig Jahren vor allem Comichefte und Trickfilme Disneys Auslandspräsenz bildeten, wurde mittlerweile das gesamte *cross promotion*-Konzept, wie es ursprünglich in den USA entstanden war, auch auf andere Länder übertragen.

Den Auftakt bildete die Eröffnung des Tokyo Disneyland 1983, das sich von seinen Vorbildern in den USA lediglich darin unterscheidet, daß hier die Main Street U.S.A. überdacht worden ist, damit trotz des feuchten Klimas rund ums Jahr promeniert und eingekauft werden kann. Die konsumfreudigen Japaner haben sich seitdem zu guten Disney-Kunden entwickelt. Bisher konnten rund 120 Millionen Besucher gezählt werden, so daß statistisch gesehen bereits jeder Japaner einmal im Tokyo Disneyland war. Dementsprechend groß sind seitdem auch die Erfolge mit anderen, durch *cross promotion* beworbenen Produkten des Disney-Konzerns im asiatischen Inselstaat. Allein in Japan setzt der Konzern heute jährlich eine Milliarde US-Dollar mit Comics, Zeichentrickfilmen und *merchandising*-Artikeln wie Tassen, Mützen, Uhren etc. um. Angesichts dieses Erfolges kann es nicht verwundern, daß Disney in Japan noch weiter expandieren will. Mit einem weiteren Vergnügungspark, der Tokyo DisneySea heißen soll, wird Disneyland nun auch ein maritimes Pendant erhalten, in dem sich alles um das Motto Küsten und Ozeane dreht. Fast vier Milliarden Mark investieren Disney und seine Kooperationspartner in den neuen Park, der zur Zeit auf einer Aufschüttungsfläche in der Bucht von Tokyo entsteht, und in dem 17 Millionen Gäste pro Jahr erwartet werden.

Nachdem Disney in Japan so erfolgreich war, soll nun der chinesische Markt auf ähnliche Weise erschlossen werden. Zu diesem Zweck wird demnächst ein Disneyland in Hong Kong errichtet. 1999 beschloß der Konzern, den neuen Themenpark auf einer Aufschüttungsfläche unmittelbar neben dem neuen Großflughafen Chep Lap Kok zu bauen. Nach zähen Verhandlungen, auch in den Alternativstandorten Shanghai und Kuala Lumpur, wird Disney von den Baukosten in Höhe von sieben Milliarden Mark aber nur 600 Millionen selbst aufbringen. Die Hälfte der Ausgaben (vor allem die Kosten der Landaufschüttung) trägt Hong Kongs Regierung als Subventionen, der Rest kommt von chinesischen Firmen.

Zu diesen Konzessionen war die Verwaltung bereit, weil die wirtschaftliche Entwicklung der Stadt lahmt, seit sie ihre besondere Rolle als britische Kolonie verloren hat. Zudem sieht man sich nun in verstärkter Konkurrenz mit anderen asiatischen Metropolen und deshalb zu solchen imagefördernden Maßnahmen gezwungen. Für Disney bedeutet das vor allem, zum Spottpreis einen Zugang zum bevölkerungsreichsten Land der Welt erhalten zu haben. Denn in den ersten Jahren kann der neue Themenpark vor allem mit Besuchern aus dem chinesischsprachigen Taiwan bzw. den südostasiatischen Ländern rechnen, deren neue

Mittelschicht oft chinesischer Herkunft ist. Langfristig soll dann der Themenpark weiter ausgebaut werden und eines Tages den erwarteten Ansturm der zunehmend von westlichen Konsummustern geprägten Festlandchinesen aufnehmen.

In Europa verfolgt der Disney-Konzern im Prinzip eine ähnliche Expansionsstrategie, nur war der Erfolg hier bisher noch nicht so durchschlagend wie in Asien. Mit dem 1992 eröffneten Themenpark Euro Disney etwa 30 Kilometer östlich von Paris sollten auch in Europa Tausende von Familien jährlich angezogen werden, hier ihren Urlaub verbringen und sich so zu „markenloyalen" Disney-Kunden entwickeln. Auch dieser Disney-Themenpark unterscheidet sich nur geringfügig von seinen Vorbildern in den USA. Während Main Street, Adventureland, Frontierland und Fantasyland im wesentlichen die selben Attraktionen aufweisen wie ihre Vorgänger in Kalifornien und Florida, ist das in die Jahre gekommene Konzept vom Tomorrowland hier allerdings nicht einfach wiederholt worden. Da im Zeitalter des wachsenden Umweltbewußtseins mit der simplen Fortschrittsgläubigkeit der Nachkriegsära kaum Kunden begeistert werden können, gibt es im Euro Disney lediglich ein Discoveryland. Dort werden mit pseudo-wissenschaftlichem Anspruch Attraktionen aus Natur und Technik unterhaltsam präsentiert - jedoch ohne den Ehrgeiz, daß dies tatsächlich einen Blick in die Zukunft ermöglichen würde.

Ähnlich wie in Florida bildet der Themenpark bei Paris nur den Nukleus des Gesamtkomplexes. In dem dazugehörigen 2000 Hektar großen umliegenden Gelände befinden sich mehrere Hotels und Bungalow-siedlungen, Camping- und Golfplätze sowie Reserveflächen für zukünftige Erweiterungen. Die Hotels, die zu den größten ihrer Art in Europa gehören, tragen wie in Orlando zu einem wesentlichen Teil des Umsatzes bei. Disney hat fünf große Hotelkomplexe errichtet, die sich alle durch eine historisierende Architektur und die Verarbeitung vermeintlich „typisch" amerikanischer Motive auszeichnen. So verwendete beispielsweise Michael Graves bei seinem Entwurf zum Hotel New York Elemente der Architektur der Art Déco-Wolkenkratzer, und gestaltete die Fassade so, daß sie an die Skyline der Hudson-Metropole erinnert.

Auch die beiden von Robert A.M. Stern entworfenen Hotels verarbeiten Motive von amerikanischen Touristenzielen. So soll der Newport Bay Club die Atmosphäre eines Neuengland-Luxushotels um 1900 verbreiten, die freilich beim Auftreten der Gäste in ihrer „Freizeitkleidung" schnell dahin schwindet. Das Hotel Cheyenne dagegen sieht aus wie die Kulisse einer Wildwest-Stadt. Mit diesen und den zwei weiteren Themenhotels Santa Fe und Sequoia Lodge komplettiert Disney sein Angebot. Indem der Aufenthalt in einer dieser Unterkünfte als erster Höhepunkt des „erlebnisreichen" Besuchs von Disneyland präsentiert wird, sollen die vergleichsweise teuren Hotels dem Unternehmen zusätzliche Einnahmen verschaffen.

Doch trotz des ausgeklügelten Vermarktungskonzepts kamen in den ersten Jahren nach der Eröffnung von Euro Disney die Besucher nicht in der erhofften großen Zahl. Beflügelt vom Erfolg bei der Übertragung ihres amerikanischen Konzepts nach Japan, hatten die Disney-Planer die Besonderheiten des Freizeitverhaltens der Europäer unterschätzt. Vor allem die kulturelle Vielfalt des Kontinents erwies sich als Hürde für Disney. Dies beginnt bei der Sprachenvielfalt, aus der z.b. für deutsche oder britische Urlauber im frankophonen Euro Disney Probleme resultieren, die Besucher aus Boston oder Seattle in Disneys Themenparks in Florida nicht haben.

Außerdem konkurriert Disney in Europa stärker als in den USA mit den etablierten Fremdenverkehrsregionen, insbesondere im Mittelmeerraum, die eine hervorragende touristische Infrastruktur und ein traditionell vielfältiges kulturelles Angebot mit hohem „Erlebniswert" aufweisen. Dort ist auch das Klima angenehmer, während im Herbst und Winter die Gäste nur schwer in den Norden Frankreichs zu locken sind. Diese Probleme waren den Disney-Planern zwar bewußt, aber als marginal bewertet worden angesichts der gelungenen Vermarktung ihres Themenparks in Tokyo, wo es ebenso große kulturelle Unterschiede zu den USA und ebenfalls feuchte und schneekalte Winter gibt.

Ein drittes Problem aber schließlich verhinderte, daß der Erfolg von Tokyo noch einmal wiederholt werden konnte. Denn in den meisten westeuropäischen Ländern gibt es, anders als in den USA und Japan, tariflich geregelte Urlaubszeiten, die so ausgedehnt sind, daß Familien mit Kindern mindestens einmal im Jahr eine längeren gemeinsamen Urlaub verbringen können. Euro Disney kann deshalb nicht darauf bauen, wie in Japan und den USA viele Familien anzuziehen, deren Eltern nur wenige Tage Urlaub im Jahr haben und die deshalb bereit sind, in wenigen Tagen viel Geld für viel Unterhaltung auszugeben. Angesichts der hohen Eintrittspreise und Hotelkosten in Euro Disney ziehen europäische Familien nach wie vor drei Wochen Badeurlaub einem dreitägigen Aufenthalt im Themenpark vor.

Diese Gründe haben zwar in der Einführungsphase zu Besucherzahlen geführt, die unter den Erwartungen lagen. Mittlerweile aber stellt sich die Situation für den Disney-Konzern schon positiver dar. Durch eine flexiblere Preisgestaltung und ein Reihe von Sonderangeboten, die auch andere Zielgruppen als Familien ansprechen, konnten erheblich mehr Kunden angelockt werden. Ähnliche Wirkungen zeigte auch eine erneuerte, verstärkte Marketing-Kampagne, in deren Zuge unter anderem der Themenpark von Euro Disney in Disneyland Paris umbenannt wurde - nicht zuletzt um stärker vom Städtetourismus in die französische Metropole profitieren zu können.

Die ausbleibenden Umsätze in Euro Disney haben aber für die Walt Disney Company nie eine ernsthafte wirtschaftliche Bedrohung dargestellt, denn der Unterhaltungskonzern hatte sich schon im Vorfeld der Planung gegen solche Unwägbarkeiten gut abgesichert. Wie schon in Japan, wo ebenfalls einheimische Firmen und Lizenznehmer wesentlich am Bau des Tokyo Disneyland beteiligt waren, hat Disney auch bei seinem französischen Großprojekt mit lokalen Partnern kooperiert. Dadurch ist es Disney gelungen, das finanzielle Risiko so breit zu streuen, daß selbst eine so kritische Anfangsphase gut überstanden werden konnte.

Ermöglicht wurde die Finanzierung durch eine wahre Euro Disney-Euphorie, die der Entscheidung für den Bau des Themenparks vorausgegangen war. Nach dem sensationellen Erfolg in Japan hatte Disneys Ankündigung, in Europa einen ähnlichen Themenpark bauen zu wollen, zu einem regelrechten Wettkampf der Politiker, Wirtschaftsförderer und Planer aus den verschiedensten europäischen Regionen um den Euro Disney-Standort geführt. Dabei verstanden es die Disney-Planer geschickt, ihr Projekt als zukunftsfähigen Arbeitsplatzgaranten zu präsentieren und die in Frage kommenden Regionen so gegeneinander auszuspielen, daß sie sich mit der Zusage von Investitionserleichterungen und Subventionen gegenseitig überboten.

Nachdem schließlich die Auswahl auf wenige mögliche Standorte in Spanien und Frankreich eingeschränkt worden war, ließ sich das Disney-Management direkt von den Regierungen in Madrid und Paris hofieren. Die Entscheidung für den Standort bei Paris gaben schließlich die massiven Subventionen und die gewaltigen Infrastrukturmaßnahmen, zu denen sich der französische Staat bereit erklärte. 800 Millionen Mark zahlte die Regierung für den Bau eines Autobahnanschlusses, einer RER-Vorortbahn-verbindung zum Stadtzentrum und einer Trasse für TGV-Hoch-geschwindigkeitszüge mit eigenem Bahnhof. Außerdem wurden Disney ein Vorzugsdarlehen von 1,3 Milliarden Mark und beschleunigte Investitions-abschreibungen gewährt. Von den Gesamtkosten in Höhe von 6,5 Milliarden Mark brachte Disney selbst aber nur einen geringen Teil auf. Über 60 europäische Banken trugen mit 5,3 Milliarden Mark zur Finanzierung des Projektes bei und übernahmen einen Großteil des Risikos.

Dadurch wurde es möglich, daß der Disney-Konzern mit Hilfe ausgeklügelter Lizenzverträge und verschachtelter Unternehmens-konstruktionen selbst während der verlustreichen Anfangsphase Gewinne durch „Managementgebühren" sowie Anteile an den Eintrittsgeldern und Gastronomieerlösen erzielen konnte, während die Banken um die Rückzahlung ihre Kredite fürchten mußten. Treibende Kraft in dem scheinbar genuin amerikanischen Projekt Disneyland Paris waren also nicht nur der kalifornische Unterhaltungskonzern, sondern ebenso die europäischen Banken und der sonst um die europäische Kultur angeblich so besorgte französische Staat, ohne den das Projekt in dieser Form nicht möglich gewesen wäre (vgl. Brinkemper et al.).

Ohnehin sind Disneys Anlaufschwierigkeiten in Paris mittlerweile weitgehend überwunden. Nun, da die Besucherzahlen langsam steigen, plant der Konzern gleich nebenan einen zweiten Themenpark. Das 700 Millionen Mark-Projekt, das 2001 eröffnet werden soll, ist nach dem Vorbild der Disney-MGM-Studios in Orlando entwickelt worden. Wie in Florida werden hier wirkliche Film- und Fernsehstudios, in denen Disney dann Streifen für den europäischen Markt produzieren wird, mit einem Vergnügungspark rund um das Motto Filmproduktion verbunden.

Darüber hinaus sind für die Walt Disney Company die Themenparks nicht nur als kurz- und mittelfristiger Gewinnbringer wichtig. Vielmehr sichert sich Disney auf diese Weise für die folgenden Jahre ein wachsendes Potential „markenloyaler" Kunden, denen der Aufenthalt in Disneyland so in Erinnerung bleibt, daß sie in Zukunft positive Assoziationen mit dem Markennamen Disney verbinden und so zu dauerhaften und zuverlässigen Kunden der ganzen Bandbreite von Medien- und *merchandising*-Produkten und zu Angehörigen der Zielgruppe der für *cross promotion*-Kampagnen Empfänglichen werden.

Dies gilt erst recht für die nächste Generation, die nun auch in Europa mit den beiden erprobten Kernelementen der Marketingstrategie, Disneyland-Besuch und Disney-Club-Fernsehshow, von Kindesbeinen an vertraut ist. Durch die Übertragung dieses in den USA seit den fünfziger Jahren erfolgreich angewandten Konzepts ergeben sich für die Walt Disney Company langfristig auch in Europa Wachstumsmöglichkeiten, die dazu beitragen werden, daß der Konzern in Zukunft auch auf diesem Kontinent die Bedeutung gewinnt, die er in den USA bereits hat.

Die „europäische Stadt" als Kulisse

Die Walt Disney Company ist auch in Europa am derzeit bedeutendsten innerstädtischen Großprojekt beteiligt - dem neuen Potsdamer Platz in Berlin. Zwar ist der Unterhaltungskonzern nicht wie am Times Square federführend, aber mit einem Musicaltheater, in dem eine Bühnenversion des Zeichentrickfilms „Der Glöckner von Notre Dame" dargeboten wird, ist Disney doch zumindest Mitbetreiber des wichtigsten touristischen Anziehungspunktes. Doch nicht nur die Beteiligung des amerikanischen Konzerns zeigt, daß sich die Grundprinzipien der Disneyfizierung der Kernstädte, wie sie das Times Square-Projekt geprägt haben, auch in der Bundesrepublik erkennbar werden. Denn wie kein anderes Projekt reflektiert der Potsdamer Platz die Abkehr von der Planung monofunktionaler Bürokomplexe zugunsten von innerstädtischen Unterhaltungszentren.

Außerdem läßt sich an diesem Großvorhaben erkennen, daß in Deutschland Developer und Planer die selben Strategien zur Vermarktung und Durchsetzung ihrer Projekte verwenden, die auch für den wirtschaftlichen Erfolg des Times Square Redevelopment entscheidend waren: die Mystifizierung und Aneignung der Geschichte des Ortes, die Reduzierung von Urbanität auf ein bestimmtes bauliches Programm sowie die Durchführung einer multimedialen Vermarktungskampagne zur Legitimierung des Projektes.

Der Potsdamer Platz, der als westlicher Eingangsbereich zur Berliner City um 1900 einer der belebtesten Plätze der Stadt wurde, war seit seiner Zerstörung im zweiten Weltkrieg aufgrund seiner Lage direkt an der Sektorengrenze bzw. der Mauer nicht wieder aufgebaut worden. In den achtziger Jahren begann der Berliner Senat, der im Laufe der Jahrzehnte das gesamte Gebiet zwischen Potsdamer Platz und dem weiter westlich gelegenen, in den sechziger Jahren errichteten Kulturforum, aufgekauft hatte, Pläne für das Gebiet zu entwickeln. Nach dem Fall der Mauer ergab sich dann die Möglichkeit, dieses Projekt als ein wichtiges Element des neuen Stadtzentrums zu planen.

Ganz in der West-Berliner Tradition, potentielle Investoren von außerhalb zu hofieren, wurde das riesige Gelände in vier große Abschnitte aufgeteilt, die jeweils von einem Konzern bebaut werden sollten. Das mit über 68.000 Quadratmetern größte Teilstück wurde an den Daimler-Benz-Konzern (bzw. dessen Tochtergesellschaft debis) verkauft, der schon vor dem Mauerfall Interesse an dem Gelände bekundet hatte. Der zweite große Abschnitt von 26.500 Quadratmetern ging an den japanischen Medien- und Elektronikgiganten Sony, das dritte Teilstück an den schweizerisch-schwedischen Elektrokonzern Asea Brown Boveri und der vierte Abschnitt an die Kaufhauskette Hertie, die hier noch Ansprüche aus der Vorkriegszeit geltend machen konnte.

Bei der Grundstücksgröße und den Kaufpreisen machte der Senat den Investoren große Zugeständnisse (so wurde beispielsweise das Gelände an Daimler-Benz so weit unter dem Marktwert verkauft, daß die EU-Kommission dies als unerlaubte Subvention wertete und den Konzern verpflichtete, nachträglich 34 Millionen Mark an den Senat zu zahlen). Der Deal war aber seitens der zuständigen Senatsverwaltungen mit dem Anspruch verbunden, daß keine Bürowüste, sondern ein lebendiges Stadtzentrum entstehen würde. Daimler-Benz und Sony konnten davon überzeugt werden, innerhalb ihrer Teilflächen jeweils Bürobauten mit Hotels, Wohnungen, Einzelhandelsflächen und Unterhaltungseinrichtungen zu kombinieren.

1991 fand ein städtebaulicher Wettbewerb für das Gelände statt, zu dem sechzehn Architekturbüros geladen wurden. Fast alle Wettbewerbs-teilnehmer konzipierten neuartige Stadtstrukturen oder versuchten zumindest, durch Hochhäuser neue Akzente zu setzen. Ausgewählt wurde jedoch der Entwurf der Münchner Architekten Hilmer und Sattler, der als einziger solche Experimente vermied und der mit einer Aneinanderreihung etwa gleich großer Blöcke, die nur durch wenige etwas höhere Gebäude akzentuiert werden, am stärksten dem historischen Stadtschema verhaftet blieb. Als Begründung für diesen traditionalistischen Ansatz wurde ins Feld geführt, daß nur durch diese Gestaltung am Potsdamer Platz urbane Vielfalt zu erreichen sei. Die Erläuterung der Architekten beginnt mit einer sehr vereinfachenden Annahme:

„Nicht das weltweit verwendete amerikanische Stadtmodell, sondern die Vorstellung von der kompakten, räumlich komplexen europäischen Stadt liegt dem Entwurf zugrunde. Städtisches Leben soll sich nicht im Inneren großstrukturierter Gebäudekomplexe, sondern auf Straßen und Plätzen, das heißt zwischen einzelnen Gebäuden entfalten. Berlin fasziniert durch die Spannung zwischen großräumlicher Offenheit und stadträumlich gefaßter Geschlossenheit. Der Entwurf greift diese Typologie auf.“ (Hilmer und Sattler, S. 70)

In Verkennung der Parallelen zwischen der Stadtentwicklung in den USA und in Europa wird hier auf die Konstruktion einer verabscheuungswürdigen „amerikanischen Stadt“ zurückgegriffen, von der sich die „europäische Stadt“ vollkommen unterscheide. Gleichzeitig wird zur Legitimation des Entwurfs impliziert, daß urbane Vielfalt ausschließlich durch eine Bebauung in blockartigen Strukturen, wie sie vorgeschlagen wird, ermöglicht werden könne. Und schließlich wird das jede Großstadt bestimmende Merkmal des Gegensatzes zwischen bebautem Block und öffentlichem Straßenraum auch noch behandelt, als sei es ein Alleinstellungsmerkmal Berlins und somit etwas „lokaltypisches“.

Derartig simplifizierende Argumentationen konnten nicht zuletzt deshalb auf fruchtbaren Boden fallen, weil die Berliner Planungselite bereits seit Jahren ihr Handeln mit Vereinfachungen dieser Art zu rechtfertigen sucht. Seit den siebziger Jahren ist in Berlin im Zuge der behutsamen Stadterneuerung mühsam die Wiederentdeckung von Block, Platz, Straße und „steinerner“ Architektur vollzogen worden und hat sich als eines von vielen Elementen einer in Altbaugebieten sinnvollen Planung erweisen können. Seit der Maueröffnung jedoch sind diese Gestaltungsprinzipien zum angeblichen Garanten einer stadtverträglichen, bürgernahen Baupolitik mutiert, egal was, wo und für wen gebaut wird. Dabei wird denjenigen Kritikern, die es wagen, diese Vorgehensweise in Frage zu stellen, von den Protagonisten der neuen Berliner Planungsstrategie vorgeworfen, die gemeinsame Front der Berliner gegen übermächtige ausländische Investoren aufbrechen zu wollen (vgl. Sewing).

Eine Folge dieser Politik ist, daß der Fassadengestaltung oft mehr Aufmerksamkeit geschenkt wird als der Diskussion über die Stadtverträglichkeit der Nutzungen. So wurde in der Fachöffentlichkeit über Monate hinweg intensiv darüber debattiert, ob am Pariser Platz nahe dem Brandenburger Tor nur „steinerne“ oder auch Glasfassaden zulässig sein sollten - und schließlich der Anteil der Sandstein-Flächen und die Größe der

Fenster für die Fassaden exakt vorgeschrieben. Die soziale Komponente der Stadtplanung wurde jedoch außer acht gelassen, denn die Nutzungen der Gebäude am Platz und seine Aufenthaltsqualitäten für Berliner oder Besucher wurden kaum thematisiert.

Zur selben Zeit versucht aber der christdemokratische Innensenator, sich als *hardliner* zu profilieren und erklärt, mit dem Hinweis auf die New Yorker Null Toleranz-Politik, herkömmliche City-Lagen wie die Gegend um den Bahnhof Zoo zu sogenannten „gefährlichen Orten", an denen zukünftig verstärkt mit polizeilichen Maßnahmen zu rechnen sei. So kommt es, daß in Berlin seit dem Mauerfall wenig innovative Konzepte für die von sozialen Problemen gebeutelten Stadtviertel entwickelt werden, die an die behutsame Stadterneuerung der achtziger Jahre anknüpfen. Statt dessen wird der Hauptstadt ein verstärktes Polizeiaufgebot in ausgewählten Innenstadtgebieten verordnet, während die sozialdemokratische Planerelite versucht, urbane Vielfalt zu sichern, indem sie Gebäude mit einer Traufhöhe von über 22 Metern oder gläsernen Fassaden verhindert.

Der Potsdamer Platz kann dann auch als das deutlichste Beispiel für die Schwächen dieser Politik gelten. Mit dem städtebaulichen Entwurf von Hilmer und Sattler ist das Projekt zwar zum Versuch einer Rettung der „europäischen Stadt" mutiert. Doch ironischerweise wird nun, nachdem die Nutzungen von den Investoren und die Gestaltung der einzelnen Teile des Bauvorhabens von anderen Architekten festgelegt worden sind, gerade hier erstmals im großen Maßstab auf europäischem Boden das realisiert, was in den Vereinigten Staaten schon kurz zuvor zum gängigen Konzept der Innenstadtentwicklung geworden ist.

Während am Times Square die belebte Fassadengestaltung und die Neonwerbung als Lokalkolorit aufgenommen wurden, ist es am Potsdamer Platz die blockhafte Bebauung und das „steinerne Berlin", mit dem das weltweit identische Nutzungsprogramm der Unterhaltungskonzerne als „lokaltypisch" vermarktet wird. Der weitgehende Verzicht auf Hochhäuser und die Einschränkung, die geplanten Nutzungen in von Straßen und Wegen unterbrochene Blöcke zu zwängen, hat das Nutzungsprogramm der Investoren am Potsdamer Platz nämlich in keiner Weise beeinflußt. Statt dessen findet sich hier (neben den herkömmlichen Bürobauten und einigen Luxusapartments) eine in Deutschland bisher einzigartige Konzentration von Unterhaltungseinrichtungen nach globalem Standard.

So ist es dem Sony-Konzern gelungen, unter Beibehaltung der Baumassenverteilung des städtebaulichen Entwurfs von Hilmer und Sattler auf seinem Gelände ein Corporate Image Center amerikanisch-japanischen Typs zu planen. Die Entwürfe lieferte der Deutsch-Amerikaner Helmut Jahn. Dabei wurden die im Masterplan vorgesehenen Bauhöhen eingehalten, die denkmalgeschützten Überreste des alten Hotels Esplanade in den Komplex integriert (und wie im Falle des Empire Theaters am Times Square um einige Meter verschoben) und auch ein Apartmentblock errichtet. Mit urbaner Vielfalt hat das Projekt trotzdem nichts zu tun, denn die Nutzungen dienen vor allem der Selbstdarstellung von Sonys *corporate culture.*

Zu diesem Zweck sind die neuen Gebäude um einen 4000 Quadratmeter großen Innenhof gruppiert worden. Dieses sogenannte Sony-Forum wird von einer transparenten zeltartigen Konstruktion aus Stahl und Glas überdacht. Außerdem gibt es ein *urban entertainment center* namens Music Box, ein unterirdisches Multiplex-Kino-Center, ein Imax-Kino, Erlebnisgastronomie sowie einen Showroom, der zur Vermarktung von Sonys Unterhaltungs-elektronik beitragen soll. Sonys Partner beim Bau dieses Komplexes waren der Baukonzern Kajima, der in Japan bereits mehrere Vergnügungsparks errichtet hat sowie die Tishman Development Corporation, die für den Disney-Konzern bereits mehrere Hotels und den EPCOT-Themenpark in Orlando gebaut hat.

Auch der mittlerweile Quartier DaimlerChrysler genannte debis-Komplex wird maßgeblich von Unterhaltungseinrichtungen geprägt. Ein Drittel der Bruttogeschoßfläche ist für Nutzungen wie Hotels, Entertainment und Shopping ausgelegt worden. Als Attraktion für Touristen und Vorortbewohner gibt es ein Imax-Kino, einen CinemaxX-Filmtheater-komplex, ein Casino, ein Varietétheater mit 700 Sitzplätzen und das Disney-Musicaltheater mit 1700 Sitzplätzen, das den städtebaulichen Höhepunkt des Projektes am neu entstandenen Marlene-Dietrich-Platz bildet. Obendrein fiel es den Daimler-Managern nicht schwer, in den Nachverhandlungen durchzusetzen, daß eine der von Hilmer und Sattler geplanten „Straßen" doch noch überdacht und als *shopping mall* mit 120 Geschäften genutzt werden kann. Verwaltet wird das Einkaufszentrum mit dem Namen Potsdamer Platz Arkaden von der zum Otto-Konzern gehörenden ECE-Gruppe, die als Marktführerin in diesem Segment bereits über 50 Einkaufszentren nach amerikanischem Vorbild in Deutschland, Polen und Ungarn geplant und realisiert hat.

Wie alle anderen Gebäude in Daimlers Potsdamer Platz-Projekt wird auch die *shopping mall* unterirdisch beliefert. Damit die Konsumidylle in der inszenierten „europäischen Stadt" nicht beeinträchtigt wird, hat man den Potsdamer Platz wie Disneyland mit einer unterirdischen Welt aus Zulieferungs- und Abfertigungsanlagen ausgestattet. Mehr als ein Drittel der neuerrichteten Flächen des Daimler-Komplexes liegen unter der Erde - neben einem Casino-Saal, dem Varietétheater und mehreren tausend Tiefgaragenplätzen sind dies vor allem die vom Logistikkonzern Schenker konzipierten Ladebereiche in zweiten und dritten Untergeschoß, in denen täglich 200 Lastwagen mit Waren ankommen oder mit Müll abfahren. Auf diese Weise können die Kunden auf den verkehrsarmen Straßen des Daimler-Komplexes promenieren und „urbanes Flair" genießen, ohne dabei von Lieferanten oder Müllmännern gestört zu werden.

150

Europäisches Entertainmentcenter: *Obwohl am Potsdamer Platz mit dem städtebaulichen Gesamtkonzept auf die Tradition der „europäischen Stadt" Bezug genommen werden sollte, entspricht das Projekt dem amerikanischen Konzept der* urban entertainment center *- inklusive dem Disney-Musical „Der Glöckner von Notre Dame". Die Blockstruktur der Bebauung und die vergangenheitsselige Begründung des Entwurfs dienen den Investoren aber dazu, ihr Metropolensurrogat als ein „echtes europäisches Stadtviertel" zu vermarkten.*

Das Sicherheitskonzept des DaimlerChrysler-Quartiers steht Disneys Projekten ebenfalls in nichts nach. Security-Einheiten patrouillieren den Komplex 24 Stunden am Tag, wobei allein schon in der Parkgarage ein Wachmann rund um die Uhr im Jeep unterwegs ist. „Störenfriede" und Demonstranten ohne Genehmigung werden von privaten Sicherheitskräften vertrieben, deren Auftreten bewußt an amerikanische Vorbilder angelehnt ist. Denn als Dienstkleidung tragen die Wachleute die aus den USA importierten Original-Uniformen der New Yorker Polizei, die nach Angaben des Leiters der Sicherheitsfirma „ ... sich nicht nur von ‚normalen' Uniformen abheben, sondern auch den Gedanken [...] der Wachsamkeit rund um die Uhr symbolisieren" (zitiert in: Uhl, S. 6). Es werden also nicht nur amerikanische Sicherheitskonzepte verwendet, sondern auch ganz bewußt Symbole der Null Toleranz-Politik eingesetzt, um schonungslose Handlungsbereitschaft zu demonstrieren. So kann bei unerwünschten Personengruppen Respekt erzeugt und bei sicherheitsversessenen Kunden Vertrauen geschaffen werden.

Das bedeutet, daß am Potsdamer Platz die Einschränkungen, das geplante Bauvolumen in blockartigen Strukturen unterbringen zu müssen, und unterschiedliche Nutzungen miteinander kombinieren zu müssen die beteiligten Unternehmen nicht von ihrer Strategie, eine kontrollierte Büro- und Erlebniswelt amerikanischer Prägung zu bauen, abbringen konnten. Außerdem, und das vervollständigt die Parallelen zum Disney-Projekt am Times Square, haben die Nutzungsmischung und die Bezugnahme auf die Vergangenheit des Ortes den Investoren die Möglichkeit gegeben, ihre neuartig inszenierte Urbanität als die adäquate stadtplanerische Lösung zu legitimieren. Denn gegenüber Kritikern, die befürchten, hier werde allzu Neuartiges, Künstliches errichtet, dient die angeblich „typisch Berlinische" Nutzungsmischung und Blockstruktur den Daimler-Managern zur Darstellung ihres Projektes als ein „ ... europäisches Stadtviertel, das den Menschen als Maßstab hat und Vielfalt und Geborgenheit bietet" (zitiert in: Neumann, S. 15).

Außerdem wird - ähnlich wie am Times Square - die vermeintliche Anknüpfung an die Tradition auch genutzt, um einen werbewirksamen Mythos vom Potsdamer Platz als dem einstigen und zukünftigen Zentrum der Stadt aufzubauen. Diese Legende entbehrt zwar bei genauerer Betrachtung einer realistischen Grundlage, wird aber von den Investoren umso vehementer zelebriert. Das Gelände, das von Sony und Daimler bebaut wurde, trägt den Namen Potsdamer Platz nämlich erst seit neuestem. Der eigentliche Potsdamer Platz ist dagegen eine kleine Freifläche am Ostrand des heutigen Projektgebietes, die nie das „Herz der Stadt" darstellte, sondern nur den westlichen Eingangsbereich zur damaligen City. Daran ändert auch die Tatsache nichts, daß der Potsdamer Platz, wie die Investoren nicht müde werden zu betonen, einmal der „verkehrsreichste Platz Europas" war, an dem die erste Verkehrsampel des Landes errichtet wurde. Das hatte seinen Grund aber nicht in der Anziehungskraft des Ortes, sondern lag vielmehr daran, daß sich hier der von Westen her kommende Verkehr in Richtung City bündelte. Aus verschiedenen Gründen - nicht zuletzt stadtplanerischer Unzulänglichkeit - war es aber nie gelungen, den Potsdamer Platz von dem unerträglichen Verkehr zu entlasten, und schon deshalb hat er als besonderer Anziehungspunkt oder gar Aufenthaltsort für die Berliner nie eine herausragende Rolle gespielt (vgl. Bodenschatz).

Der Bereich, in dem heute die meisten von Daimlers Bürobauten und Entertainment Center stehen, ist deshalb in einer Gegend gelegen, die historisch gesehen eher eine City-Randlage darstellt. Doch trotz dieses Mankos pflegen die Investoren den Mythos vom „Platz an dem der Puls der Stadt schlug" und fördern ihn sogar noch, indem sie eine Rekonstruktion der alten Verkehrsampel aus den zwanziger Jahren aufgestellt haben. Die Idee eines wiedererstandenen Großstadtzentrums scheint am Potsdamer Platz wie am Times Square für die erfolgreiche touristische Vermarktung so wichtig zu sein, daß die Geschichte - ganz im Sinne Walt Disneys - für ein solches Projekt eben ein wenig zurechtgebogen werden muß.

Zur Ergänzung ihres Vermarktungskonzeptes haben sich die Investoren zu einer weiteren Werbemaßnahme entschlossen, mit der sie den Mythos Potsdamer Platz popularisieren und ihr *entertainment center* frühzeitig im Bewußtsein der Zielgruppen Touristen und Stadtrandbewohner verankern konnten. Unmittelbar neben der Baustelle wurde ein architektonisch gelungenes, schon durch seine rote Farbe auffallendes, temporäres Gebäude namens Info-Box errichtet. Dort werden täglich bis zu Tausenden von Besuchern in einer multimedialen Show die vermeintlichen Qualitäten des neuen Stadtviertels präsentiert. Mit einer Vielzahl von Bildern (aber weniger Fakten) über die Geschichte und die Zukunft des neuen Stadtviertels sowie der ständigen Betonung, beim Potsdamer Platz handele es sich um die „größte Baustelle Europas", geht es in der Info-Box natürlich nicht um objektive Information, sondern um die Vermarktung eines neuen Quartiers, für das die schiere Größe schon als Qualität an sich gelten soll.

Obwohl es sich letztendlich nur um einen Versuch handelt, Bürgerbeteiligung durch Bürgerunterhaltung zu ersetzen, ging dieses Konzept der Investoren voll auf. Dank der Info-Box wurde der Potsdamer Platz schon lange vor seiner Fertigstellung zu einer der meist besuchten Touristenattraktionen der Stadt, so daß dem vollendeten Projekt denn auch die erhoffte Publikumswirkung sicher war. Allein am Tag der Eröffnung des ersten, von Daimler-Benz gebauten, Abschnitts stürmten Hunderttausende in die neue Daimler-City, und auch in dem im Frühjahr 2000 eröffneten Sony Center reißt der Zustrom von Besuchern seitdem nicht ab.

So ergänzen sich am Potsdamer Platz wie am Times Square die einzelnen Schritte zur Legitimierung und Vermarktung eines Stadtsurrogats als „echtes Stadterlebnis". Zunächst wird ein prominenter Ort gewählt, dessen Geschichte leicht zu einem Mythos verklärt werden kann. An diesen Mythos wird dann angeknüpft, indem eine bestimmte Baumassenverteilung und Fassadengestaltung als „ortstypisch" dargestellt werden. Dabei wird dieses Vorgehen mittels einer multimedialen Vermarktungskampagne als die adäquate Lösung präsentiert und damit das von städtischen Widersprüchen bereinigte *urban entertainment center* als „echte Stadt" verkauft. Und schließlich werden diese Stadtviertel durch private Sicherheitsdienste kontrolliert und so ungewollte Personen ausgeschlossen. Es macht dabei keinen Unterschied, ob zur Durchführung des Projektes in dem betroffenen Stadtviertel, wie am Times Square, erst die nichtkonformen Bevölkerungsgruppen durch Wachdienste vertrieben werden müssen, oder, wie am Potsdamer Platz, das Viertel ganz neu errichtet und dann die privatisierte Konsumzone mittels Security-Personal gesichert wird - denn gemeinsam ist beiden, daß die Mittelschicht zuvor von *hardlinern* aus Politik und Medien verunsichert wird und sich nun hier wohl behütet fühlt.

Interessant an diesem Prozeß ist die Rolle der beteiligten Planer und Architekten. Obwohl gerade ihr Versuch, über Fassadendesign, Bauhöhe oder Nutzungsmischung urbane Vielfalt zu sichern, den Investoren erst ermöglicht, ihr Stadtsurrogat als adäquate Lösung zu verkaufen, sind sie der Auffassung, mit ihren Gestaltungsvorschriften das Schlimmste verhindert zu haben. Die Wirkung dieser Donquichotterie ist jedoch, daß Konzerne wie Disney oder Daimler die Mythen vom neonbeleuchteten, unterhaltenden, ur-amerikanischen Times Square oder vom verkehrsreichen, blockartig bebauten, typisch-europäischen Potsdamer Platz dankbar aufgreifen, um ihren immer gleichen Freizeiteinrichtungen die Aura eines einzigartigen metropolitanen Platzes zu verleihen. Von der notwendigen Diskussion über die zunehmende Privatisierung des öffentlichen Raumes und über die Zukunft städtischer kultureller und sozialer Vielfalt dagegen lenken die Vertreter der „guten, alten amerikanischen Stadt" oder der „traditionellen europäischen Stadt" mit ihren Gestaltungsvorschlägen nur ab.

Ein Modell für die Zukunft?

Wenn man sich die große symbolische Bedeutung und öffentliche Beachtung von Disneys Stadtplanungsprojekten in den USA vor Augen führt und gleichzeitig bedenkt, daß auch die derzeit bedeutendsten Bauvorhaben in Europa mit Beteiligung des Disney-Konzerns oder unter Verwendung seiner Planungsprinzipien realisiert werden, wird deutlich, daß es sich bei der Disneyfizierung der Städte keinesfalls um eine Randerscheinung handelt, sondern um eine der wichtigsten Entwicklungen in der Stadtplanung überhaupt.

Vor allem in den USA ist das klar erkennbar, denn dort haben sich Architekten und Planer schon seit längerem bei der Gestaltung des gebautes Raumes an dem Design von Disneyland orientiert, mit denen der Konzern die Vorstellungen einer ganzen Generation von Amerikanern von Urbanität geprägt hat. Deshalb ist es nur konsequent, wenn Disney sein Know-how nun auch bei der Gestaltung von solchen Städten und Stadtvierteln verwendet, die darauf ausgerichtet sind, neue Formen von Urbanität für die amerikanische Mittelschicht zu kreieren.

Dabei wenden die Disney-Planer eine Gestaltungsmethode an, die schon für den Erfolg der Themenparks gesorgt hat. Denn Disneyland ist nicht einfach nur bunt und kitschig, sondern das ausgeklügelte Ergebnis des Versuchs Themen, die für die Identität der meisten Amerikaner und ihr kollektives Gedächtnis von großer Bedeutung sind, aufzugreifen und in eine prägnante und leicht konsumierbare Form zu bringen. Die Treffsicherheit hinsichtlich der Wunschvorstellungen der weißen Mittelklasse und die perfekte Organisation sind das Erfolgsrezept für Disneys Themenparks. Die

Anwendung dieses Prinzips auch auf *urban entertainment destinations* und *neotraditional communities* bilden die Grundlage der Expansion der Walt Disney Company in den Stadtplanungssektor. Darüber hinaus wendet Disney zur Vermarktung seiner Projekte seine außergewöhnlich erfolgreichen Marketingkonzepte an, die bisher vor allem im Unterhaltungssektor genutzt wurden. Bei der Werbung für das Times Square-Projekt und Celebration wird das bisher auf Medien beschränkte Prinzip der *cross promotion* zum ersten Mal im großen Maßstab auch zur Vermarktung von Stadtplanungsprojekten eingesetzt. Disneys Projekte sind deshalb die weltweit bisher wichtigste und beunruhigendste Annäherung an die Schreckensvision einer von medial verzerrter Wahrnehmung beherrschten, vollständig inszenierten und von globalen Konzernen vermarkteten Stadt der Zukunft.

Gleichzeitig erklärt sich der Erfolg dieser innovativen Projekte aber auch aus Rückgriffen auf die Vergangenheit. Denn Disney bietet - neben der historisierenden Gestaltung - eine den Vorstellungen der konservativen Angehörigen der weißen Mittelschicht entsprechende Form von Urbanität, die auf dem traditionellen amerikanischen Wertesystem basiert. Dies zeigt sich durch die Ausgrenzung von nicht-konformen Nutzungen am Times Square und das verkündete Ziel des Projektes, bei der Erneuerung des Gebietes auf die Ära Bezug zu nehmen, in der die Stadt von der weißen Mittelschicht dominiert wurde.

Ähnliches gilt für Celebration, wo die ostentative Bezugnahme auf die Kleinstadt der Vergangenheit dazu dient, sich von der Großstadt der Gegenwart mit ihren ethnischen Minderheiten zu unterscheiden. Da sich mit der Zunahme der privatwirtschaftlichen Konsum- und Freizeitdienste, wie sie die Grundlage von Disneys Expansionsstrategie sind, aber auch eine weitere Polarisierung des Arbeitsmarktes zuungunsten von Frauen und ethnischen Minderheiten abzeichnet, ist deshalb zu erwarten, daß die Probleme der amerikanischen Großstadtregionen so kaum überwunden werden. Statt dessen werden durch die Disneyfizierung der Städte das überkommene Wertesystem und die traditionelle Rollenverteilung der sozialen Gruppen reproduziert und die sozialen Gegensätze, die die amerikanische Gesellschaft prägen, weiter verfestigt.

In Europa droht im Prinzip dieselbe Entwicklung. Die Disneyfizierung der Städte ist keineswegs ein auf die amerikanischen Metropolen beschränktes Phänomen. In vielerlei Hinsicht sind in den Städten Europas die gleichen Trends wie in den USA erkennbar. Fortschreitende Suburbanisierung, soziale Polarisierung und Fragmentierung, die oftmals entlang ethnischer Zugehörigkeitsgrenzen verläuft, die Entstehung neuer Beschäftigungsschwerpunkte in den Randbereichen der Agglomerationen und eine zunehmende Bedeutung von Unterhaltungseinrichtungen bilden in Europa ähnlich wie in den Vereinigten Staaten eine Grundlage für die

Entwicklung der Städte zu Landschaften der Simulation. Vor diesem Hintergrund entstehen ähnliche stadtplanerische Konzepte wie in den USA, die auch hier mit einem zunehmendem Einfluß von Medienkonzernen, wie der Walt Disney Company, verbunden sind.

Ironischerweise wird jedoch gerade der Bau neotraditioneller Siedlungen als Mittel gegen die „Amerikanisierung" der Regionen ins Feld geführt, und auch bei einzelnen Projekten, die im Prinzip *urban entertainment center* sind, wird auf die positiven Aspekte der „europäischen Stadt" verwiesen. Dabei wird aber verkannt, daß diese Konzepte, wenn sie nur als Schlagworte verwendet werden, identisch mit denen der Disneyfizierung der amerikanischen Städte sein können.

Aus diesem Grund gilt es auch, denjenigen Planern und Architekten zu mißtrauen, die verkünden, gestalterische Bezüge zur Vergangenheit des Ortes, bestimmte Fassaden, Block- und Platzformen wären Voraussetzung oder gar Garanten einer sozial orientierten, Vielfalt fördernden Planung - egal ob in New York, Orlando, Berlin oder anderswo. Denn im Gegensatz zu dem, was behauptet wird, führen diese Konzepte zu einer Zusammenarbeit mit regional oder global agierenden Projektentwicklern, die genau wissen, daß der Vermarktungsvorteil dieser Projekte vor allem in der auf neue Art und Weise inszenierten Urbanität, der Abgrenzung von den Verlierern der wirtschaftlichen Entwicklung und der Ausgrenzung sozial Benachteiligter besteht.

Darum ist es an der Zeit, sich von simplifizierenden Unterscheidungen zwischen „schlechter moderner amerikanischer Stadt" und „guter traditioneller europäischer Stadt" zu verabschieden. Vielmehr gilt es, das Augenmerk auf die soziale Polarisierung der Städte, die Privatisierung des öffentlichen Raumes sowie die Mechanismen der Abgrenzung und Ausgrenzung zu richten. Nur wenn diese Probleme als die wichtigsten Begriffe in der Diskussion über die Zukunft der Urbanität verankert und offensiv in die Auseinandersetzungen über neue Bauvorhaben eingebracht werden, wird es möglich sein, die weitere soziale und räumliche Fragmentierung der Städte zu verhindern.

Anderenfalls sind wir nur noch einen Mauseschritt von der Disneyfizierung der Städte entfernt. Denn das 42nd Street-Projekt und die New Yorker Null Toleranz-Strategie dienen schon jetzt Lokalpolitikern aus aller Welt als Beispiel, und Michael Eisner hat Celebration zum Vorbild für die amerikanischen Siedlungen der Zukunft erklärt. Angesichts der zunehmenden Bedeutung von Freizeit- und Erlebniswelten, von medialer Kommunikation und verdeckten Vermarktungsstrategien könnten sich diese Visionen bewahrheiten - und Disneys Projekte tatsächlich zum Modell für die Stadt des 21. Jahrhunderts werden.

Quellenangaben

Alle Abbildungen:

Fotografien des Autors

Verwendete Literatur:

Bagli, Charles V.: „Times is Said to Consider a New Tower". In: *New York Times* (October 14, 1999), S. B 3

Baumann, Christine und John Goetz: „Öffentlichkeit ausgesperrt - Immer mehr Einkaufszentren bedeuten nicht allein bequemes Shopping". In: „taz mag", Beilage der *tageszeitung*, 21./22. November 1998, S. VII

Beyard, Michael D. und Michael S. Rubin: „A New Industry Emerges". In: *Urban Land*, Supplement, Vol. 4, No. 8 (August 1995), S. 6-8

Bernard, Richard M. und Bradley R. Rice (Hrsg.): *Sunbelt Cities - Politics and Growth Since World War II.* Austin, Tx., 1983

Blakely, Edward J. und Mary Gail Snyder: *Fortress America: Gated and Walled Communities in the United States.* Cambridge, Ma., 1995

Bodenschatz, Harald mit Hans-Joachim Engstfeld und Carsten Seifert: *Berlin auf der Suche nach dem neuen Zentrum.* Hamburg, 1995

Braun, Raymond E.: „Exploring the Urban Entertainment Center Universe". In: *Urban Land*, Supplement, Vol. 4, No. 8 (August 1995), S. 11-17

Bressi, Todd W.: „Planning the American Dream". In: Katz, Peter (Hrsg.) *The New Urbanism.* New York, 1994. S. XXV - XLII

Brinkemper, Peter V., Bernhard v. Dadelsen und Thomas Seng: *World Media Park - Globale Kulturvermarktung heute.* Berlin, 1994

Carter, Bill: "Part ABC Studio, Part Disney Billboard" In: *New York Times* (September 18, 1999) Business Section, S.1/S.4

The Celebration Company: *Celebration Fact Sheet,* Celebration, Fl., 1996

Crawford, Margaret: „Warenwelten". In: *Arch+*, Nr. 114/115, Dezember 1992, S. 73-80

Danielson, Michael N. und Jameson W. Doig: *New York - The Politics of Urban Regional Development.* Berkeley, Ca., 1982

Davis, Mike: *City of Quartz*. Berlin/Göttingen, 1994

DeParle, Jason: „As Benefits Expire, the Experts Worry". In: *New York Times* (October 10, 1999), S.1/S.22

Department of City Planning: *Adult Entertainment Study*. New York City, 1994

Dunlop, Beth: „Designs on the Future". In: *Architectural Record*, No. 1/1996, S. 64-69

Dykstra, Gretchen: „The Times Square Business Improvement District and its Role in Changing the Face of Times Square". In: McNamara, Robert P., ed.: *Sex, Scams, and Street Life. The Sociology of New York City's Times Square*. Westport, Ct. / London UK. 1995. S. 75-81

Esping-Andersen, Gösta: *The Three Worlds of Welfare Capitalism*. Princeton, N.J., 1990

Fainstein, Susan S.: *The City Builders: Property, Politics, and Planning in London and New York*. Cambridge, Ma. / Oxford UK., 1995

Finch, Christopher: *The Art of Walt Disney*. New York, 1973

Fishman, Robert: „Die befreite Megalopolis: Amerikas neue Stadt". In: *Arch+*, Nr. 109/110, Dezember 1991, S. 73-83

Flower, Joe: „What If You Could Build It?". In: *Healthcare Forum Journal*, Vol. 39, No. 3 (May/June 1996)

Frantz, Douglas und Catherine Collins: *Celebration U.S.A. - Living in Disney's Brave New Town*. New York, 1999

Garreau, Joel: *Edge City - Life on a New Frontier*. New York, 1991

Gottdiener, Mark: *Postmodern Semiotics - Material Culture and the Forms of Postmodern Life*. Cambridge, Ma. / Oxford UK 1995

Grover, Ron: *Die Disney Story - Wie Micky Mäuse macht*. Frankfurt a.M./ Berlin, 1992

Harvard Design Magazine, „Urban or Suburban ?" Winter / Spring 1997, S. 47-63

Hannigan, John: *Fantasy City - Pleasure and Profit in the Postmodern Metropolis*. London/New York, 1998

Häußermann, Hartmut und Walter Siebel: *Dienstleistungsgesellschaften*. Frankfurt am Main, 1995

Hiaasen, Carl: *Team Rodent - How Disney Devours the World*. New York, 1998

Hilmer, Heinz und Christoph Sattler: „Erläuterung der Verfasser" In: Lampugnani, Vittorio Magnago (Hrsg.): *Ein Stück Großstadt als Experiment - Planungen am Potsdamer Platz in Berlin*. Stuttgart, 1994

Jackson, Kenneth T.: *Crabgrass Frontier - The Suburbanization of the United States*. New York, N.Y. / Oxford UK, 1985

Knack, Ruth: „Once Upon a Town - Lots of hype and Disney dollars could put new urbanism on the map". In: *Planning*, Vol. 62, No. 3 (March 1996)

Leinberger, Christopher B.: „The Changing Location of Development and Investment Opportunities". In: *Urban Land* Vol. 54, No. 5, (May 1995) S. 31-36

Lejeune, Jean François: „Il Reticolo, il Parco e il Modello-T alla Ricerca del Paradiso: Città-Giardino in Florida". In: Tagliaventi, Gabriele (Hrsg.): *Città Giardino - cento anni di teorie, modelli, esperienze*, S. 221-265, Rom, 1994

Levine, Marc V.: „Downtown Redevelopment as an Urban Growth Strategy: A Critical Appraisal of the Baltimore Renaissance". In: *Journal of Urban Affairs*. Vol. 9, No. 2. S. 103-123

Lueken, Verena: „Idylle vom Reißbrett - Die Walt Disney Company baut an einer vergangenheitsseligen „Stadt der Zukunft"". In: *Frankfurter Allgemeine Zeitung*, No. 91 / 1997 (19. April 1997). Ohne Seitenangabe

Mann, Coramae Richey: *Unequal Justice - A Question of Color*. Bloomington/Indianapolis, 1993

Marcuse, Peter: „Wohnen in New York: Segregation und fortgeschrittene Obdachlosigkeit in einer viergeteilten Stadt". In: Häußermann, Hartmut und Walter Siebel (Hrsg.): *New York - Strukturen einer Metropole*. Frankfurt am Main, 1993. S. 205-238

Markusen, Ann R.: *The Rise of the Gun Belt- The Military Remapping of Industrial America*. New York, 1991

Marling, Karal Ann (Hrsg.): *Designing Disney's Theme Parks - The Architecture of Reassurance*. New York/Paris, 1997

Maslin, Janet: „Dad-Son Bonding Buddies". In: *New York Times*, March 7, 1997, S. C 17

Merkel, Jayne: „Fireworks on 42nd Street - Too Much about Economics, Too Little about Architecture". In: *Competitions*, Vol. 5, No.3. (May 1995) S. 44-49

Neumann, Hans-Joachim: „Der synthetische Mythos". In: *Zitty*, Nr. 20 / 1998, S. 15 - 17

Rehländer, Jens: „Schöner wohnen mit Disney". In *Geo*, No. 6/1996, S. 64-88

von Rimscha, Robert: „Eine sichere Stadt für die Bürger". In: *Der Tagesspiegel*, 26.1.1997, S. 4

Ronneberger, Klaus: „Zitadellenökonomie und soziale Transformation der Stadt". In: Noller, Peter, Walter Prigge und Klaus Ronneberger (Hrsg.): *Stadt-Welt*. Frankfurt/New York, 1994, S. 180-197

Ronneberger, Klaus: „Funktion ,Freizeit'". In: *Spex*, Nr. 7/96, S. 50-52

Ross, Andrew: *The Celebration Chronicles - Life, Liberty, and the Pursuit of Property Value in Disney's New Town*. New York, 1999

Rymer, Russ: „Back to the Future - Disney Reinvents the Company Town". In: *Harper's Magazine*, Oct. 1996, S. 65-78

Sassen, Saskia: *Metropolen des Weltmarkts*. Frankfurt/New York, 1996

Schulz zur Wiesch, Jochen: „Das Doppelgesicht der Metropolen - Tendenzen der amerikanischen Stadtentwicklung." In: *Archiv für Kommunalwissenschaften.* 32. Jahrgang, 1. Halbjahresband. (1993)

Schweitzer, Eva: „Größer, höher, bunter - Der Times Square in New York hat sich zum Zentrum der weltweiten Unterhaltungsindustrie entwickelt". In: *Der Spiegel*, Nr. 15/2000, S. 110-112

Seitz, Helmut: *Die Suburbanisierung der Beschäftigung: Eine empirische Untersuchung für Westdeutschland.* Mannheim, 1995 (Universität Mannheim)

Sewing, Werner: „Berlinische Architektur". In: *Arch+* Nr. 122 (Juni 1994), S. 60-69

Shane, David Grahame: „Vacant Cities - die neue Downtown von Manhattan". In: *Bauwelt* 1997 Heft 31/32, S. 1735-1741

Sieverts, Thomas: *Zwischenstadt - zwischen Ort und Welt - Raum und Zeit - Stadt und Land.* Braunschweig/Wiesbaden, 1998

Soja, Edward: „Postmoderne Urbanisierung - Die sechs Restrukturierungen von Los Angeles". In: Fuchs, Gotthard, Bernhard Moltmann und Walter Prigge (Hrsg.): *Mythos Metropole.* Frankfurt a.M., 1995

Sorkin, Michael (Hrsg.): *Variations on a Theme Park - The New American City and the End of Public Space*, New York, 1992

Southworth, Michael: „Walkable Suburbs? - Neotraditional Communities at the Urban Edge". In: *Journal of the American Planning Association*, Winter 1997, Vol. 63, No. 1, S. 28-44

Steiner, Dietmar: „A Diary of Disney's Celebration". In: *Domus* No. 787 (November 1996) S. 43-52

Stimmann, Hans: „Leitbild Vorstadt". In: *Foyer - Magazin der Senatsverwaltung für Bau- und Wohnungswesen.* No. 2, Jg. 3. (Juni 1993)

Sudjic, Deyan: *The 100 Mile City*, Harcourt Brace, San Diego und New York, 1992

Taylor, William R. (Hrsg.): *Inventing Times Square.* Baltimore/London, 1991

The Walt Disney Company: *Walt Disney World.* Ohne Ortsangabe, 1986

Thomas, Bob: *Walt Disney - An American Original.* New York, 1976

Till, K.: „Neotraditional Towns and Urban Villages: The Cultural Production of a Geography of ‚Otherness'". In: *Environment and Planning D: Society and Space*, Vol. 11 (1993), S. 709-732

Uhl, Alexander: „Sicherheit auf Amerikanisch". In: „Treffpunkt Potsdamer Platz", Beilage der *Berliner Morgenpost*, 7.4.2000, S.6

Urban Development Corporation: *42nd Street Now!* New York, 1993

Volger, Gernot: „Die fünfte Generation - Eine kleine Geschichte der Gewerbe- und Industrieparks". In: Industrie- und Gewerbeparks - Verlagsbeilage der *Frankfurter Allgemeinen Zeitung*, 8.6.1998, Nummer 130, S.1-2

Wacquant, Loïc: „Clinton reformiert Armut zu Elend". In: *Le Monde Diplomatique*. Beilage der *Tageszeitung* vom 13. September 1996. S. 13-14

Wagner, Monika: „Privatisierung von Kunst und Natur im öffentlichen Raum - Die Plazas von Manhattan". In.: Häußermann, Hartmut und Walter Siebel (Hrsg.): *New York - Strukturen einer Metropole*. Frankfurt am Main, 1993

Warren, Stacy: „Disneyfication of the Metropolis: Popular Resistance in Seattle". In: *Journal of Urban Affairs*, Vol. 16 (1994), No. 2

Weber, Bruce: „Disney Unveils Restored New Amsterdam Theater". In: *New York Times* (April 3, 1997).S. B 3

Whitaker, Barbara: „In a Valley Pockmarked by Poverty, Developing a Cure for Suburban Blight". In: *New York Times*, February 5, 2000, S. A 7

Zukin, Sharon: *Landscapes of Power: From Detroit to Disney World*, Berkeley/Los Angeles, 1991

Zukin, Sharon: *The Cultures of Cities*, Cambridge, Ma./Oxford UK, 1995